INHALTSVERZEICHNIS

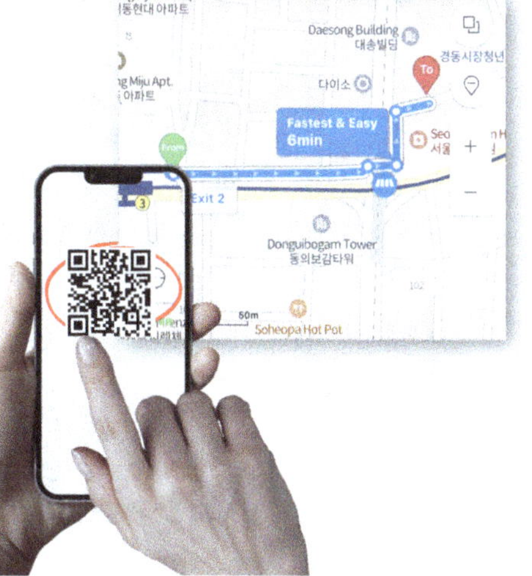

T money

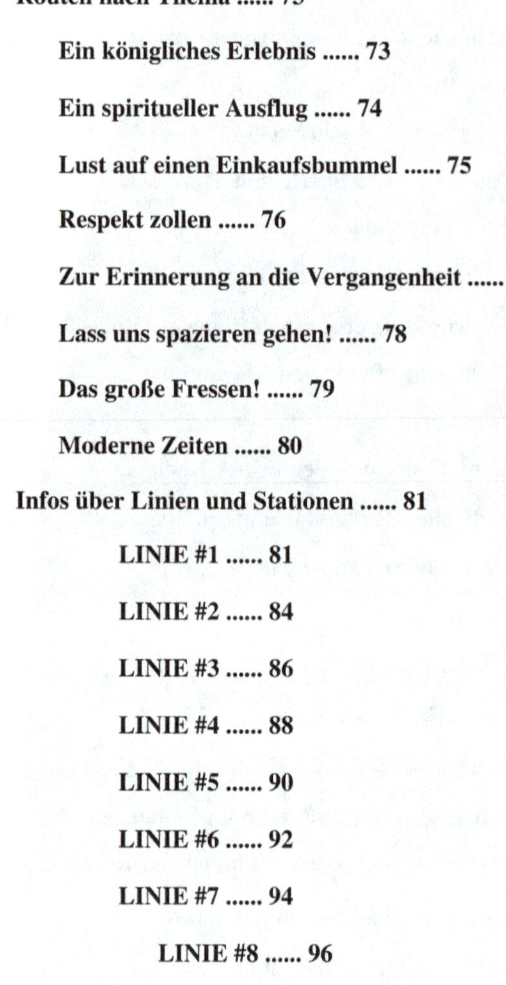

Achtung: Da sich die Stadt ständig verändert und weiterentwickelt, können die in diesem Buch enthaltenen Informationen wie Wegbeschreibung, Zeit und Kosten ungenau oder veraltet sein. Aus diesem Grund empfehlen wir dir dringend, dich nicht nur auf die Informationen in diesem Buch zu verlassen, sondern immer auch andere Hilfsmittel zu nutzen, um Details zu überprüfen und zu bestätigen, bevor du dich auf den Weg machst.

❶ Jongno-gu

→ U-Bahn Linie #

- Dongmyo Flohmarkt (1) (6)
- Heunginjimun Park (1) (4)
- Dongdaemun/Heunginjimun-Tor (1) (4)
- Cheonggyecheon (1) (4)
- Gwangjang-Markt (1)
- Tapgol Park (1) (3) (5)
- Jongmyo-Königsschrein (1) (3) (5)
- Nagwon Instrumentenhalle (1) (3) (5)
- Jogyesa-Tempel (1)
- Bosingak Glockenturm (1)
- Chungmu Art Center (2) (6)
- Gyeongbokgung-Palast (3)
- Cheongwadae (3)
- Nationales Volkskundemuseum von Korea (3)
- Changdeokgung-Palast (3)
- Changgyeonggung-Palast (3)
- Bukchon Hanok-Dorf (3)
- Samcheongdong-Café-Straße (3)
- Insadong Ssamzi Gil (Kunsthandwerk-Einkaufsviertel) (3)
- Marronnier-Park (4)
- Gwanghwamun-Platz (5)
- Mugyodong Nakji (Oktopus) (5)
- History Museum of Seoul (5)
- Sejong Zentrum für darstellende Künste (5)

❷ Jung-gu

- Jeong Dong Jeil Kirche (1) (2)
- Nationales Chongdong-Theater (1) (2)
- Seoul-Platz (1) (2)
- Deoksugung-Palast (1) (2)
- Die ehemalige russische Gesandtschaft (1) (2)
- Nationalmuseum für moderne und zeitgenössische Kunst (1) (2)
- Hwangudan-Altar (1) (2)
- Youngnak Presbyterianische Kirche (2) (3)
- Dongdaemun Digital Plaza (DDP) (2)
- Dongdaemun Fashion Town (2)
- Hwanghakdong Flohmarkt (2) (6)
- Sindangdong Tteokbokki Town (2) (6)
- Namsangol Hanok-Dorf (3) (4)
- Jokbal Gasse (Gedämpfte Schweinefüßchen) (3)
- Myeongdong (4)
- Katholische Kathedrale Myeongdong (4)
- Namsan Seoul Tower Seilbahn Fahrkartenverkaufsstand (4)
- Namdaemun-Markt (4)
- Namdaemun-Tor (4)

❸ Dongdaemun-gu

- Gyeongdong Kräutermarkt (1)
- Seouler Volksflohmarkt (1) (2)
- Dapsimni Antike Kunststraße (5)
- Königsgräber Yeonghwiwon & Sunginwon (6)
- Gedenkhalle für König Sejong den Großen (6)

❹ Dongjak-gu

- Noryangjin-Fischereimarkt (1) (9)
- Sayuksinmyo Gräber der sechs Märtyrer (1) (9)
- Boramae Park (2)
- Nationalfriedhof (4) (9)

❺ Seodaemun-gu

- Seodaemun-Gefängnisses (3)
- Dongnimmun-Tor (3)

❻ Yeongdeungpo-gu

- Times Square (1)
- IFC Mall (5) (9)
- Yeouido Park (5) (9)
- 63 Square (5)
- Seonyudo Park (9)
- Gebäude der Nationalversammlung (9)
- Yeouido Saetgang Ökologischer Park (9)

❼ Gangnam-gu

- Seonjeongneung Königsgräber (2)
- K-Star Road (3)
- Apgujeong Rodeo Straße (3)
- Sinsadong Garosu-gil (Straße) (3)
- Bongeunsa-Tempel (9)
- COEX (9)

❽ Seocho-gu

- Seorae Dorf & Montmartre Park (2)
- GOTO Mall (Gangnam Terminal U-Bahn-Einkaufskomplex) (3) (7) (9)
- Sevit Seom (Schwebende Insel) (3) (7) (9)
- Central City (3) (7) (9)

❾ Songpa-gu

- Lotte World (2) (8)
- Samjeondobi Stein-Denkmal (2) (8)
- Olympic Park (8)
- Seokchon See-Park (8) (9)
- Seoul (Hanseong) Baekje Museum (9)

❿ Mapo-gu

- Yanghwajin Friedhof für ausländische Missionare (2) (6)
- Märtyrerschrein Jeoldusan (2) (6)
- Mecenatpolis Mall (2) (6)
- Seoul World Cup Stadium (6)
- World Cup Park (6)

⓫ Yongsan-gu

- Kriegsdenkmal (4) (6)
- Amore Pacific Museum of Art (4)
- Das National Museum of Korea (4)
- Gyeongridan-gil (Straße) (6)
- Itaewon Touristenzone (6)
- Botanischer Garten Namsan (6)

⓬ Gwanak-gu

- Sillim-dong Sundae Town (2)

⓭ Gwangjin-gu

- Common Ground (2) (7)

⓮ Seongdong-gu

- Seoul Forest (2)
- Majangdong Fleischstraße (5)

⓯ Jungnang-gu

- Berg Yongmasan (7)

⓰ Geumcheon-gu

- Gasan Digital Complex Outlet Town (7)

⓱ Gangdong-gu

- Prähistorische Siedlungsstätte Amsa-dong (8)

⓲ Gangseo-gu

- Konfuzianische Schule Yangcheon Hyanggyo (9)

⓳ Incheon

- Wolmi Theme Park (1)
- Incheon Chinatown (1)

⓴ Gyeonggi-do

- KINTEX (3)
- Ilsan See-Park (3)
- Großer Park von Seoul (4)

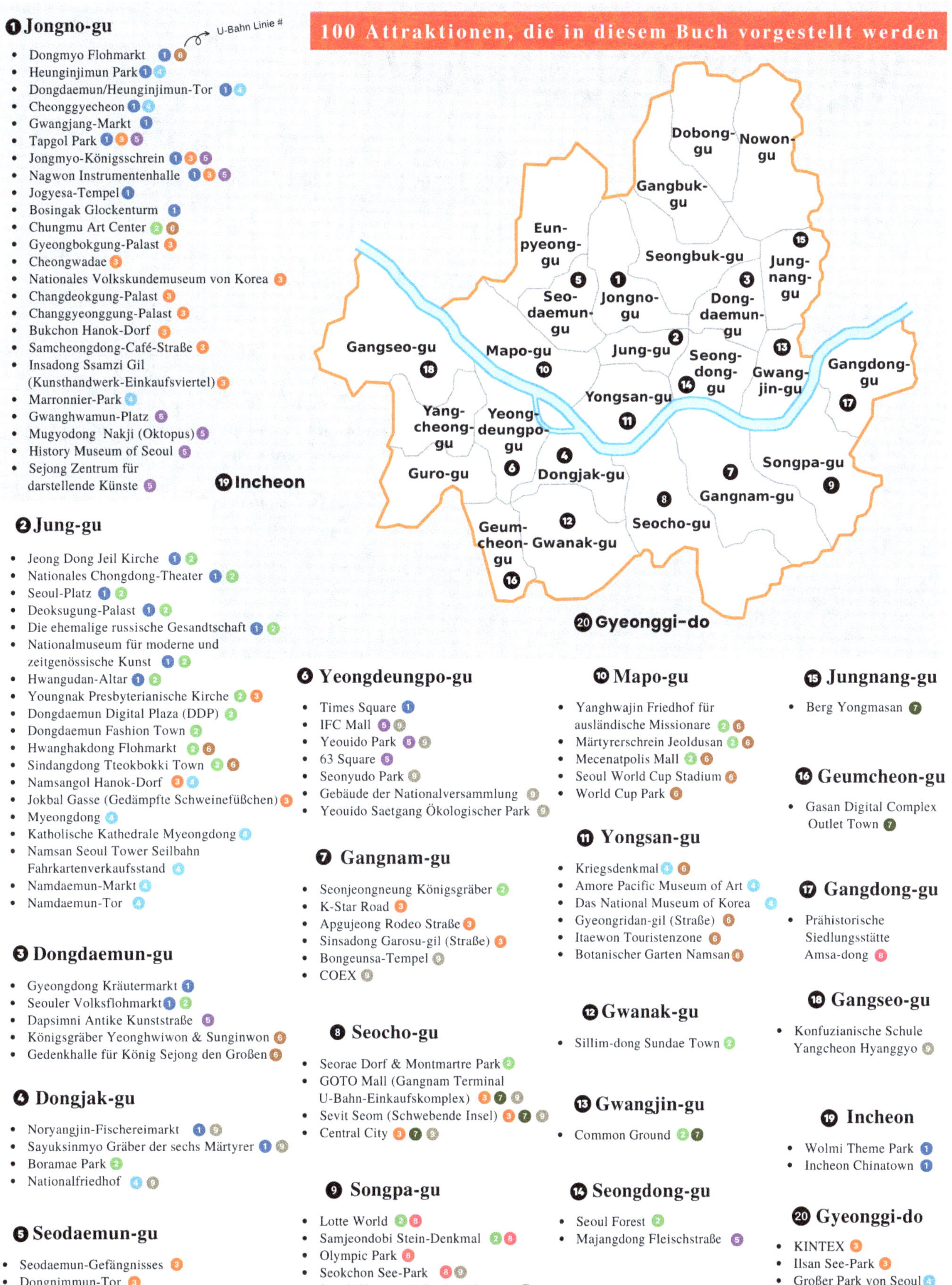

WIE DU DIESES BUCH NUTZT

Warum du auf keinen Fall ohne diesen Guide nach Korea reisen solltest!

Ob du dich für K-Pop, koreanische Filme und Dramen oder koreanisches Essen interessierst – wir gratulieren dir, dass du Seoul als dein nächstes Reiseziel gewählt hast. Hier wirst du eines der besten U-Bahn-Systeme der Welt genießen können, das sogar von CNN und Jalopnik bewertet wurde.

Warum solltest du die koreanische U-Bahn nehmen? Die offensichtliche Antwort ist, dass es die effizienteste und kostengünstigste Art ist, Seouls Top-Attraktionen zu besuchen. Sie ist sicher, pünktlich und gut vernetzt. Mit ihr kannst du jeden Winkel der Stadt erreichen. Mit der U-Bahn kommst du überall hin und hast die Möglichkeit, mit den Einheimischen in Kontakt zu treten und ihre Kultur kennenzulernen!

Genau aus diesem Grund haben wir diesen einzigartigen Guide erstellt: Du kannst über 100 der Top-Sehenswürdigkeiten Seouls besuchen, indem du einfach nur die U-Bahn zu ihnen nimmst!

Diese Marker zeigen dir, wo du innerhalb eines Bahnhofs öffentliche Toiletten und Schließfächer finden kannst!

Identifiziere deinen Standort mithilfe der Stationsnummern!

Die Stationsnamen sind auf Englisch, Koreanisch und Chinesisch angegeben!

Viele der Stationen sind mit anderen Linien verbunden, was ein kostenloses* Umsteigen ermöglicht.

Du kannst sehen, wie weit du reist und wie weit du bisher gereist bist.

🚻	🔒	#	ENG	KOR	CHN	Umsteigen	DISTANZ (km)	KUMULIERTE DISTANZ (km)
●	●	201	City Hall	시청	市厅	1		
	●	202	Euljiro 1(il)-ga	을지로입구	乙支路入口		0.7	0.7
●	●	203	Euljiro 3(sam)-ga	을지로3가	乙支路三街	3	0.8	1.5
	●	204	Euljiro 4(sa)-ga	을지로4가	乙支路四街	5	0.6	2.1
●	●	205	Dongdaemun History & Culture Park	동대문역사문화공원	东大门历史文化公园	4 5	1	3.1
	●	206	Sindang	신당	新堂	6	0.9	4
	●	207	Sangwangsimni	상왕십리	上往十里		0.9	4.9
●	●	208	Wangsimni	왕십리	往十里	5	0.8	5.7

* Mehr zum kostenlosen Umsteigen erfährst du auf Seite 83

Vorsicht bei den Stationsnummern - Verwende die Nummer nur, um deinen Standort zu bestimmen! Denn eine Nummer, die kleiner oder größer ist als eine andere (z. B. 302 & 803), bedeutet nicht unbedingt, dass man weiter im Westen oder im Osten ist. Jede Linie beginnt an einem anderen Punkt und hat einen anderen Weg. Gehe nicht davon aus, dass du in aufsteigender oder absteigender Reihenfolge der Stationsnummern fahren musst, und schaue auf der Karte nach, wo sich die einzelnen Stationen befinden, bevor du eine Reise beginnst.

Das bedeutet, dass die Linien 1 (128) und 4 (421) an dieser Station miteinander verbunden sind und von beiden erreicht werden köannen.

Das bedeutet, dass nur die Linie 1 (129) hier durchläuft.

Name und Adresse, auf Deutsch und Koreanisch.

Dongdaemun/Heunginjimun-Tor
동대문/흥인지문

Jongno-gu Jong-ro 288
서울 종로구 종로 288

Dongdaemun (bedeutet "das Osttor" und heißt offiziell Heunginjimun-Tor) ist das östliche Tor der damaligen Hauptstadt Seoul, das 1398 erbaut wurde. Das heutige Tor wurde 1869 wieder aufgebaut. Zu dieser Zeit wurden in der Festung Seoul vier Tore und vier Türme gebaut. Das Heunginjimun-Tor ist zusammen mit dem Sungnyemun-Tor das größte Tor in Seoul. Es hat ein Torhaus, in dem die Wachen untergebracht waren und das im Notfall auch als Kommandoposten für das Militär diente. Außerhalb des Torhauses halfen Ziegelmauern und Holzfenster, den Feind abzuhalten. Das Torhaus des Heunginjimun-Tors spiegelt die Merkmale von Gebäuden des 19. Jahrhunderts wider, die eine einfache Gesamtstruktur, aber viele Verzierungen aufweisen. Außerdem wurde eine halbmondförmige Festung davor platziert, um Feinde abzuwehren. Nachts sind die Lichter eingeschaltet und bietet einen anderen Anblick als tagsüber.

4 Min zu Fuß, 235m von AUSGANG #1

Cheonggyecheon
청계천

Jongno-gu Changsin-dong
서울 종로구 창신동

Vor dem Restaurierungsprojekt im Jahr 2005 war er nur ein verlassener Wasserweg. Heute ist er ein 10,9 km (7,0 Meilen) langes öffentliches Naherholungsgebiet im Herzen Seouls, das inmitten des geschäftigen Stadtlebens seine natürliche Schönheit ausspielt. Unter den 20 Brücken, die er hat, symbolisieren Narae und Gwanggyo die Harmonie von Vergangenheit und Zukunft. Sie führt in der Nähe des Deoksugung Palastes, der Insa-dong Straße, des Changdeokgung Palastes und des Changgyeonggung Palastes vorbei. Es ist ein schöner Ort für einen angenehmen Spaziergang, einen lustigen Familienausflug oder ein romantisches Date. Viele Büsche und Grünflächen sind hier zu finden.

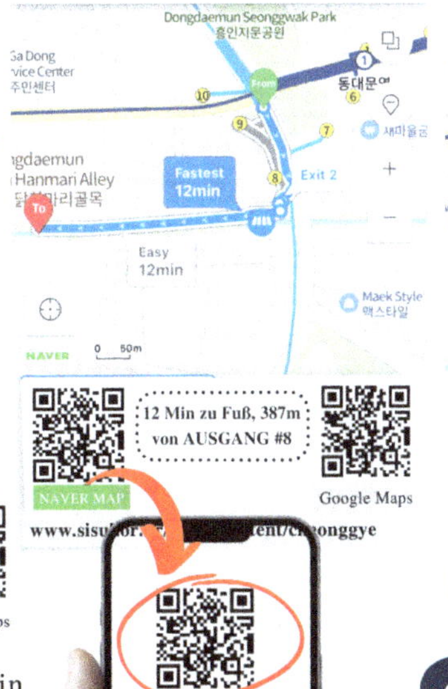

12 Min zu Fuß, 387m von AUSGANG #8

Google Maps

www.sisul.or.kr/open_content/cheonggye

Gwangjang-Markt
광장시장

Jongno-gu Changgyeonggung-ro 88
서울 종로구 창경궁로 88

Er ist einer der lebendigsten traditionellen Märkte in Seoul und für Reisende leicht zu erreichen, da er sich im Zentrum der Stadt befindet. Der traditionelle Markt, der auf eine lange Geschichte zurückblicken kann, entstand Anfang des 20. Jahrhunderts und bietet verschiedene Artikel wie Kleidung und Lebensmittel an. Der Lebensmittelmarkt ist besonders berühmt. Neben Gimbap kannst du hier auch verschiedene Pfannkuchen, Tteokbokki und Fischfrikadellen genießen, die vor Ort zu günstigen Preisen hergestellt werden. Wenn du dich für Kleidung interessierst, solltest du unbedingt im Hanbok-Laden vorbeischauen, wo du farbenfrohe traditionelle Kleidung und einen Laden für Vintage-Kleidung in der zweiten Etage sehen kannst.

Detaillierte Beschreibungen des Ortes und Reisetipps!

5 Min zu Fuß, 296m von AUSGANG #8

MO-FR 9 a.m. - 11 p.m.

Google Maps

www.kwangjangmarket.co.kr

3 Auf der offiziellen Website findest du weitere Informationen.

1 Informiere dich allgemein über die Orte, den Weg dorthin, die Dauer der Fahrt und die Öffnungszeiten.

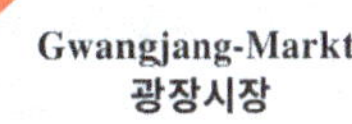

2 Scanne im Taschenbuch mit deinem Smartphone auf den QR-Code und es öffnet sich entweder die NAVER MAP oder GOOGLE MAPS, wobei der Ort als Ziel voreingestellt ist. Du kannst dann einfach der Wegbeschreibung folgen!

Fakten zur Seoul U-Bahn in Seoul

Es handelt sich um das weltweit längste U-Bahn-System mit mehreren Betreibern, gemessen an der Streckenlänge.

Von CNN und Jalopnik als eines der besten U-Bahn-Systeme der Welt bewertet.

4G LTE, WLAN, DMB und WiBro sind in allen Stationen und Zügen verfügbar.

Alle Stationen haben Sicherheitstüren an den Bahnsteigen, um die Sicherheit der Fahrgäste zu erhöhen.

Alle Linien sind mit dem intelligenten Zahlungssystem T-Money ausgestattet, das RFID- und NFC-Technologie für bequemes und schnelles automatisches Bezahlen nutzt.

Das Umsteigen in andere Linien innerhalb des Systems ist kostenlos.

Vollfarbige LCD-Bildschirme, die die Ankunftszeit der Züge in Echtzeit anzeigen.

Alle Haltestellen werden auf Koreanisch und Englisch angekündigt. Einige wichtige Haltestellen sogar auf Japanisch und Mandarin.

Die Haltestellen werden mit cooler traditioneller koreanischer Gugak Musik angekündigt.

* Die gesamte Strecke muss weniger als 10 km betragen und mit einer T-Money-Karte bezahlt werden.

* Du kannst bis zu 4 Überweisungen tätigen.

* Der Umsteigen muss innerhalb von 30 Minuten nach dem Nutzen der T-Money-Karte erfolgen (von 21.00 bis 7.00 Uhr ist die Frist auf 1 Stunde verlängert).

SEOULS U-BAHN

Infos, Etikette Und Tipps

WIE MAN U-BAHN STATIONEN ERKENNT

- Überdachte Treppen auf den Bürgersteigen der Straßen
- Stationen sind nach dem Stadtteil (z.B. Gangnam, Myeongdong) oder nach nahe gelegenen Sehenswürdigkeiten (z.B. Seoul-Platz) benannt.

Jede U-Bahn-Station hat mehrere Ausgänge, die mit Nummern gekennzeichnet sind.

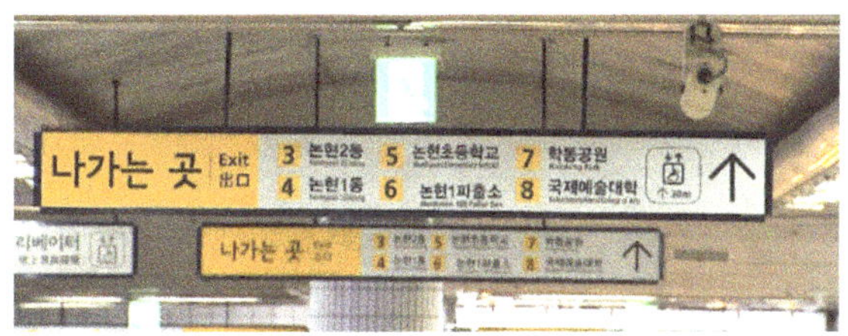

Wenn du dich mit jemandem triffst, sind diese Ausgangsnummern ein praktischer Weg, um zu entscheiden, wo ihr euch treffen wollt.

Es gibt Plätze, die für ältere Menschen, Schwangere und Menschen mit Behinderungen reserviert sind.

Auch wenn es nicht gesetzlich vorgeschrieben ist, ist es ein Gebot der Höflichkeit, deinen Sitzplatz denjenigen anzubieten, die ihn vielleicht dringender brauchen (z. B. Senioren, Menschen mit schweren Lasten).

Vermeide es, in der Bahn laut zu sprechen oder Musik zu spielen.

Auch wenn es nicht verboten ist, solltest du dein Essen außerhalb der Bahn zu dir nehmen.

FAHRRÄDER

Faltbar | Gewöhnliches

Linie 1-8
Faltbar: Immer
Gewöhnliches: Wochenende / Feiertage
*Erlaubt auf **Linie 7** an Wochentagen von 10:00 bis 16:00 Uhr

Linie 9
Faltbar: Immer
Gewöhnliches: Nie

RUSH HOUR
6:00 - 9:00 Uhr / 16:30 - 19:00 Uhr

Die Stationen mit mehreren Umsteigebahnsteigen sind am stärksten frequentiert, wie zum Beispiel der EXPRESS BUS TERMINAL / GANGNAM / SEOUL STATION.

BETRIEBSZEITEN
5:30 - 1:00 Uhr / Mitternacht (SA/SO/FEIERTAGE)

Einige Linien schließen früher. Informiere dich vor der Planung über die Fahrpläne der einzelnen Linien.

Single Journey (Einzelfahrt-Karte)

- Nur für eine einfache Fahrt (nicht aufladbar).
- Es kann jeweils nur 1 Karte gekauft werden.
- Eine Pfandgebühr von 500 KRW wird nach Gebrauch zurückerstattet.
- Der kostenlose Umsteigen ist an einigen Stationen nicht möglich. (Seoul Station Linie 1, 4 <---> Gyeongui-Jungang Linie)

Kann an einem Kiosk in jeder U-Bahn Station gekauft werden.
> Ideal, wenn du nur eine einzige Fahrt machen musst.

So erwirbst du eine Single Journey (Einzelfahrt) Karte

Finde einen "Ticket Vending and Card Reload Device"in einer Station und lade deine Karte auf.

Wähle deine Sprache und wähle „Single Journey".

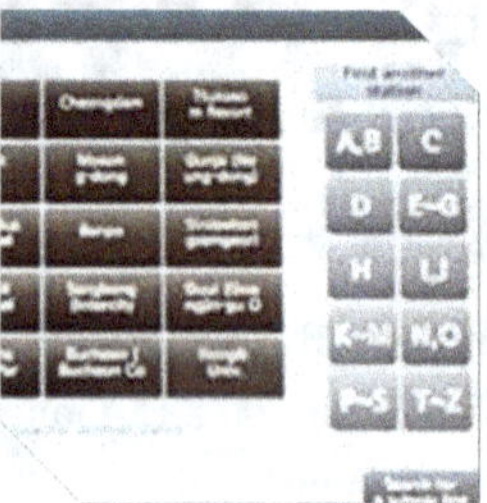

Wähle dein Ziel aus.

Gib die Anzahl der benötigten Fahrkarten ein und wirf Geld ein.

Nimm die Karte(n) aus dem Automaten.

Bei Einzelfahrkarten kannst du dir das Pfand zurückerstatten lassen, sobald du deine einfache Fahrt beendet hast.

Wie du den Pfand zurückbekommst

Suche einfach ein „Deposit Refund Device" in einer Station auf und folge den Anweisungen, um deine 500 KRW zu erhalten.

T-Money-Karte

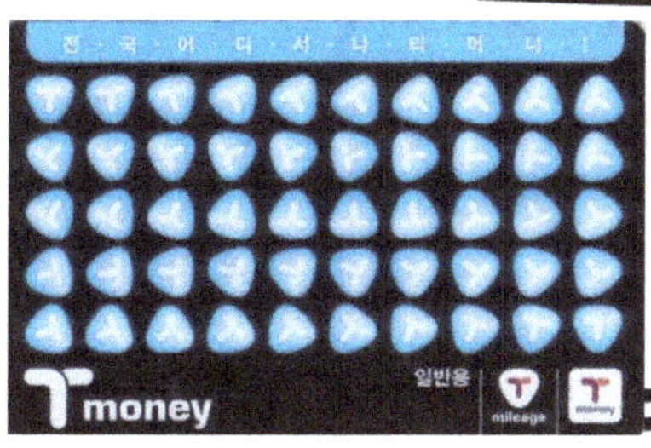

- Mehrfach verwendbar (wiederaufladbar).
- Kostenlose Umsteigen (max. 4 Mal, wenn weniger als 10 km, innerhalb von 30 Minuten/bis zu 1 Stunde zwischen 21:00 und 7:00 Uhr)
- Ermäßigungen gelten auch in Kombination mit Busfahrten. (ausgenommen Busse, die auf der gleichen Strecke verkehren)
- Der Restbetrag ist erstattungsfähig.

Muss in einer Verkaufsstelle mit dem T-Money-Logo, an einem Automaten (Linie 1-4) oder im Informationszentrum in einer Station (Linie 5-8) gekauft werden (die günstigste Karte kostet 3.000 KRW) > Ideal, wenn du vorhast, viele Fahrten mit der U-Bahn zu machen.

Du kannst deine Karte an einem der oben genannten Orte oder an einem Kiosk in einer Station aufladen lassen.

Laden/Wiederaufladen deiner Karte

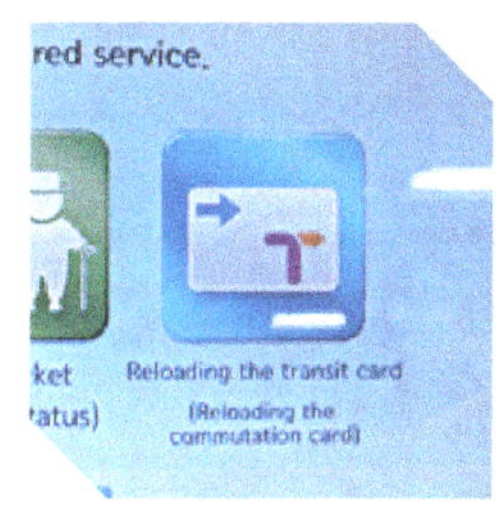

| Wähle die Option T-Money (ganz rechts). | Lege deine T-Money-Karte in den Schlitz. | Wähle den Betrag, den du aufladen möchtest. |

Wie du eine rückerstattung erhältst

	In den oben genannten Geschäften	In den T-Money-Rückerstattungszentren der U-Bahn-Linien 1-9	Geldautomaten in einer Bank (Shinhan, Hana, Woori, Jeju, Nonghyup, Shinhyup und Post Office)
Wenn weniger als 20.000 KRW verbleiben,			
Wenn mehr als 20.000 KRW, aber weniger als 50.000 KRW verbleiben			
Wenn mehr als 50.000 KRW verbleiben			

M-Pass (nur für Ausländerinnen)

- Ermöglicht maximal 20 Fahrten pro Tag
- Erhältlich in 1/2/3/5/7 Tagespässen
- Läuft um Mitternacht des letzten Tages ab.
- Kann auch als T-Money-Karte verwendet werden, nachdem Geld darauf aufgeladen wurde.
- Pfand von 4.500 KRW (erstattungsfähig) und 500 KRW (nicht erstattungsfähig) Servicegebühr

>Ideal, wenn deine Reise maximal einen Umstieg umfasst, da es hierfür keine Rabatte gibt.

>Bietet eine beträchtliche Ersparnis bei Fahrten mit einer Linie.

>Alle gekauften Fahrten müssen vor Ablauf der Gültigkeit genutzt werden.

KANN NUR IN AUSGEWÄHLTEN VERKAUFSSTELLEN ERWORBEN WERDEN.

Incheon Flughafen Terminal 1
@ Flughafen-Information

Nr. 5 / 10 Gate im 1.
Ankunft Flugsteig
07:00-22:00 Uhr

Seoul Station
(T-money Town)

Seoul City Tower 1st Fl.
@ Ausgang Nr. 10 der Seoul Station
09:00-18:00 Uhr
(an Wochenenden und Feiertagen geschlossen)

Myeongdong

Tourist Information Center
@ Ausgang Nr. 5 der Euljiro Station
09:00-20:00 Uhr

Die Karte nutzen

An jedem Sicherheitsdrehkreuz befindet sich ein Kartenlesegerät.

1. Platziere deine Karte (Einzelfahrt, T-Money, M-Pass).
2. Du hörst einen Piepton und das Lesegerät zeigt den abgezogenen Betrag und das verbleibende Guthaben an.
3. Gehe durch die Schranke und genieße deine Fahrt!

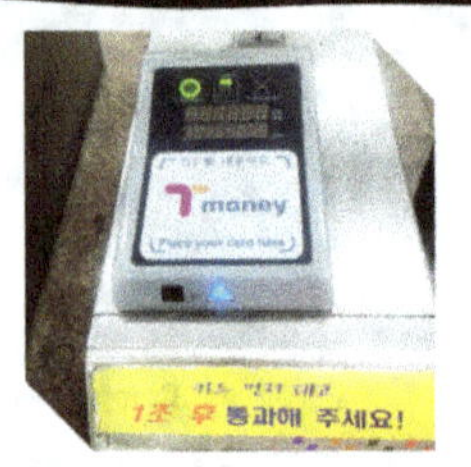

U-Bahn-Tarife

aktuellsten Tarifinformationen findest du unter t-money.co.kr

	Einzelfahrt-Karte	T-Money-Karte	M-Pass (nur für Ausländer)
			Tages / Preis / Rabattpreis nach 17 Uhr
Erwachsene	100 KRW auf den T-Money-Tarif hinzugefügt	Bis zu 10 km: 1.050 KRW 10~40km: zusätzlich 100 KRW pro 5km über 40 km: zusätzlich 100 KRW pro 10 km	1-Tages-Pass / 15.000 / 0 KRW 2-Tages / 23.000 / 20.000 KRW 3-Tages / 30,500 / 27,500 KRW 5-Tages / 47,500 / 44,500 KRW 7-Tages / 64,500 / 61,500 KRW
Jugendliche (13-18)	keine Ermäßigung (Einzelfahrpreis)	Mindestgebühr: 720 KRW	
Kinder (6-12)	Mindestgebühr: 500 KRW	Mindestgebühr: 450 KRW	

WICHTIGE APPS FÜR KOREA-REISEN

SUBWAY KOREA

Bietet den neuesten U-Bahn-Plan von Seoul und alle U-Bahn-Karten bieten Echtzeit-Transit-, Fahrplan- und Umsteigeinformationen sowie einen optimalen Routenrechner.

KOREA SUBWAY INFO: METROID

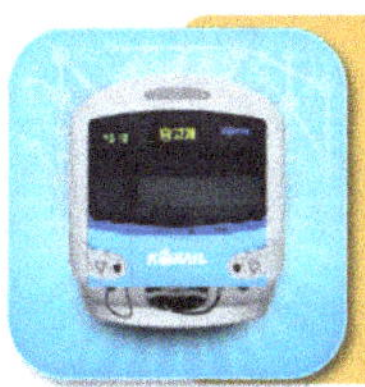

Bietet wichtige Informationen wie Fahrpläne, einen Rechner für die optimale Route und Informationen zu den Stationen.

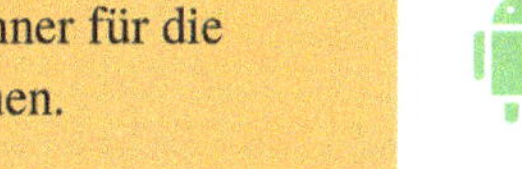

NAVER MAP

Von Abbiegehinweisen über Zugfahrpläne bis hin zu nahegelegenen Toiletten bietet diese App alles, was du brauchst, um dich in Korea zurechtzufinden.

GOOGLE MAPS

Diese globale Navigations-App bietet ähnliche Funktionen wie NAVER MAP, aber sie bietet derzeit keine Wegbeschreibungen zu Fuß in Korea (das könnte sich in Zukunft ändern). Sie bietet jedoch eine Wegbeschreibung zur U-Bahn und eine Liste von Orten in der Nähe in den Sprachen, die von NAVER MAP nicht unterstützt werden. Wir empfehlen dir, diese App nicht als Alternative, sondern als Ergänzung zur NAVER MAP zu verwenden.

PAPAGO

Diese KI-basierte App bietet hervorragende Übersetzungen, vor allem in Koreanisch. Ein absolutes Muss, wenn du in Korea unterwegs bist

1330 Travel Hot Line

+82-2-1330 (Koreanisch, Englisch, Japanisch, Chinesisch)
*In Korea wählst du **02-1330**. -Freundliche Mitarbeiterinnen beantworten deine Fragen!

WIE DU DIE APPS NUTZT

NAVER MAP - Sprache ändern

1

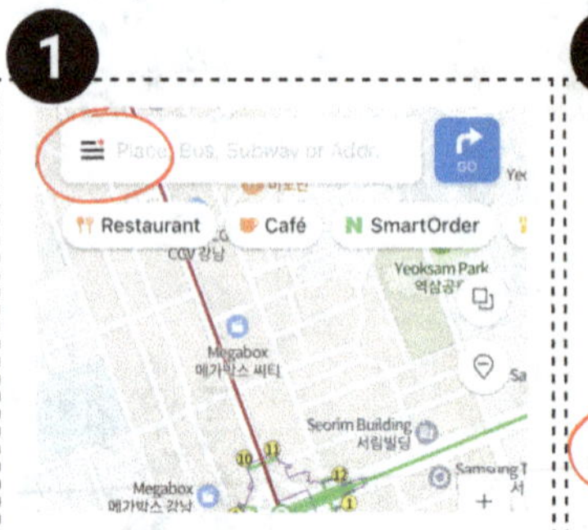

Öffne die App und suche das Settings-Icon in der oberen linken Ecke.

2

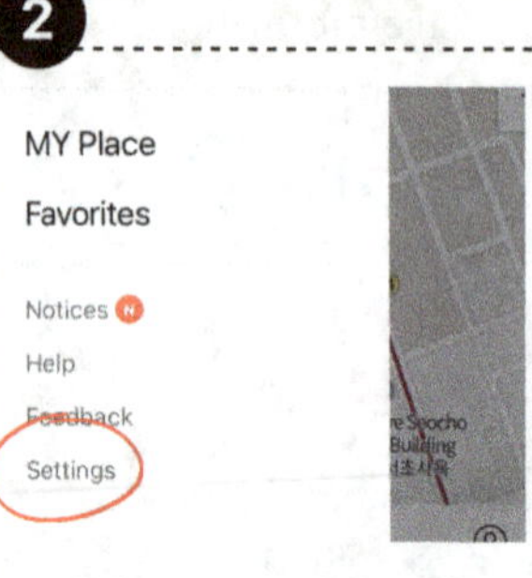

Gehe unten im Menu zu „Settings.

3

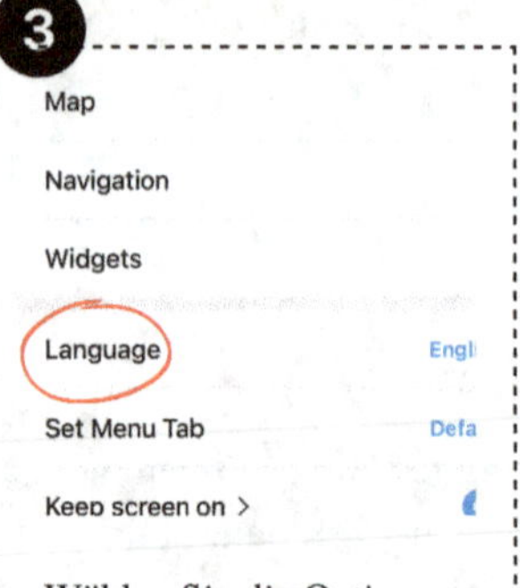

Wählen Sie die Option „Language".

4

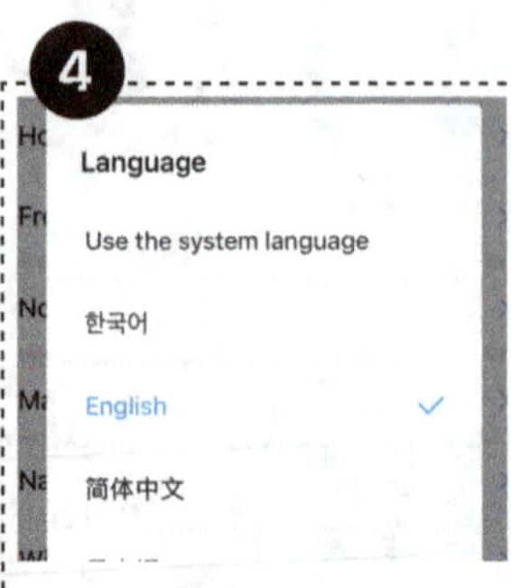

Wähle aus den verfügbaren Optionen aus.

Wegbeschreibungen mit QR-Codes finden

1

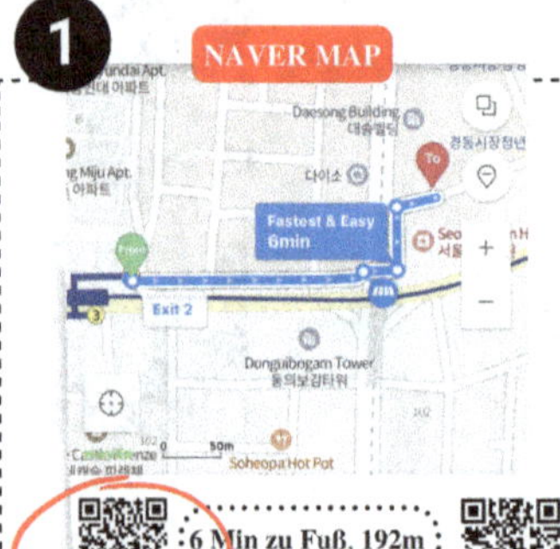

Suche am unteren Ende eines jeden Abschnitts den QR-Code mit „NAVER MAP".

2

Im eBook kannst du den QR-Code antippen. Beim Taschenbuch kannst du den QR-Code mit deinem Smartphone scannen.

3

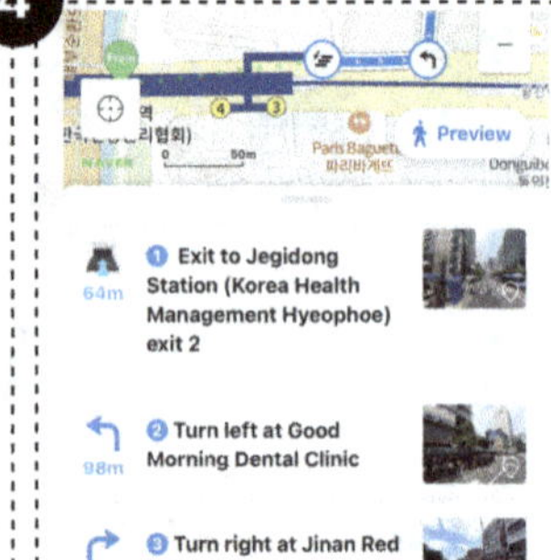

Es öffnet die NAVER MAP mit dem voreingestellten Ort als Ziel.

4

Finde deine Position und folge den Anweisungen.

OR

Suche am unteren Ende eines jeden Abschnitts den QR-Code mit „GOOGLE MAPS".

Zurzeit werden in GOOGLE MAPS in Korea KEINE Wegbeschreibungen zu Fuß angeboten.

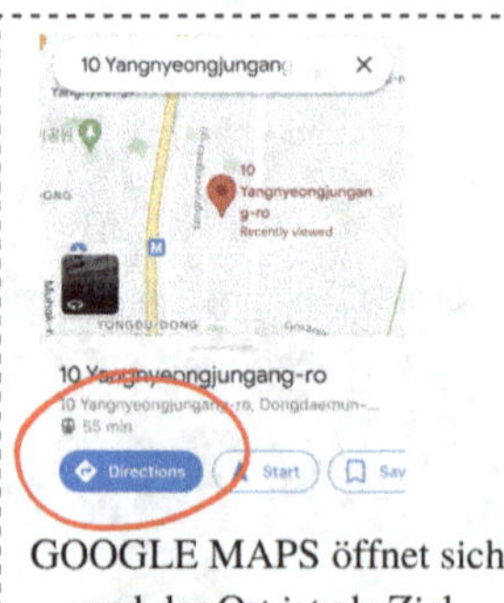

GOOGLE MAPS öffnet sich und der Ort ist als Ziel voreingestellt. Wähle die Option „Wegbeschreibung".

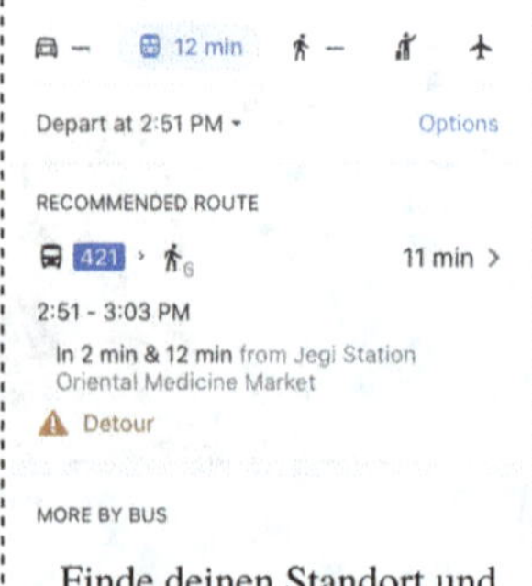

Finde deinen Standort und folge den Anweisungen der U-Bahn.

Wegbeschreibungen finden – manuell

Öffne die App und suche das Suchfeld am oberen Rand.

Gib die Adresse ein und drücke auf „search".

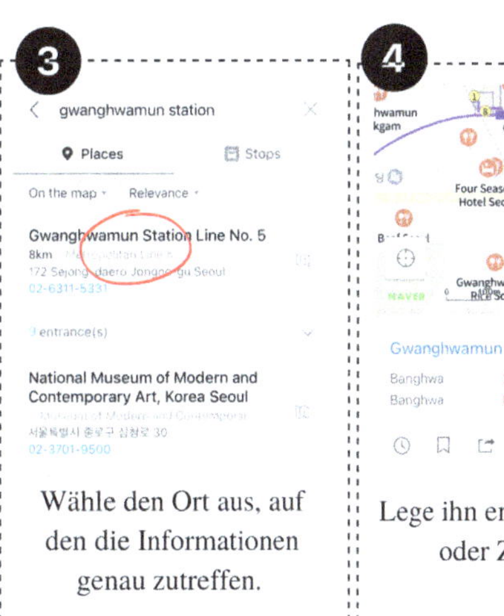

Wähle den Ort aus, auf den die Informationen genau zutreffen.

Lege ihn entweder als Start- oder Zielort fest.

Wählen Sie die gewünschte Option.

WIE DU ÖFFENTLICHE TOILETTEN FINDEST

Wenn du schon in der Bahn bist…

Jede U-Bahn-Station in Seoul verfügt über eine öffentliche Toilette, die für jedermann zugänglich und kostenlos ist. Du kannst also einfach zu einer U-Bahn-Station in deiner Nähe laufen, aber hier ist der Haken: Es kann sein, dass sich die Toilette nach oder auch vor dem Ticketschalter befindet, d. h. wenn du bereits in einem Zug sitzt, ist es am besten, eine Toilette nach dem Ticketschalter zu finden. So musst du die Station nicht „verlassen", um auf die Toilette zu gehen und erneut zu bezahlen, um wieder hineinzukommen.

Du kannst aber auch einfach zum Ticketschalter (Drehkreuz) gehen und den diensthabenden Mitarbeiter bitten, das Seitentor zu öffnen, um zur Toilette zu gelangen. Wenn du zurückkommst, musst du die Person bitten, dich wieder reinzulassen. Wenn niemand im Dienst ist, sollte es einen Knopf für die Gegensprechanlage geben. Wenn du den Knopf drückst und das Gleiche fragst, kannst du problemlos rein- und rausgehen, ohne die Station „verlassen" zu müssen.

In der Liste der U-Bahnhöfe auf Seite 123 haben wir alle Stationen mit öffentlichen Toiletten NACH dem Ticketschalter markiert, damit du sie schnell erreichen kannst, ohne den Ticketschalter passieren und wieder zurückkommen zu müssen!

Nach dem Ticketschalter

👫	🔒	#	ENG	KOR	CHN	Umsteigen	DISTANZ (km)	KUMULIERTE DISTANZ (km)
		131	Jonggak	종각	钟阁		0.8	48.6
●		132	City Hall	시청	市厅	2	1	49.6
		133	Seoul Station	서울역	首尔(站)	4	1.1	50.7
●		134	Namyeong	남영	南营		1.7	52.4
●		135	Yongsan	용산	龙山		1.5	53.9

1

Öffne NAVER MAP und tippe auf das Positionssymbol, um deinen aktuellen Standort zu finden.

Gib „public restroom" oder „화장실" in das Suchfeld ein.

Zoome hinein, um die Toilette in deiner Nähe zu finden.

2

Cafés & Fastfood-Restaurants
(unzuverlässig – einige sind nur für Gäste)

3

Tankstellen
(müssen über eine öffentliche Toilette verfügen)

4

Kaufhäuser

5

Öffentliche Ämter & Universitäten
Rathaus, Landratsamt, Universitäten, usw.

Öffentliche Schließfächer in U-Bahn-Stationen

Was sind sie?

Eine der Qualen eines Reisenden ist es, viel Gepäck mit sich herumzuschleppen! Für U-Bahn-Reisende wie dich ist das noch viel schlimmer. Zum Glück gibt es in koreanischen U-Bahn-Stationen Aufbewahrungsmöglichkeiten

Wichtige Fakten

- Barzahlung ist nicht möglich - nur Karte / T-Money!
- Es gibt ein paar Stationen, die diesen Service nicht anbieten. Sieh dir die Liste an.
- Die Höchstdauer beträgt fünf Tage. Artikel, die länger als fünf Tage stehen, werden an einen anderen Ort gebracht. Wenn du mehr als fünf Tage brauchst, rufe den Kundenservice im Voraus an: 1877-1265
- Öffnungszeiten: 7:00 bis 1:00 Uhr (am nächsten Tag) / 7:00 Uhr bis Mitternacht (Sonntag/Feiertage)

Verbotene Gegenstände

Lebensmittel   Wertgegenstände

Tiere, Pflanzen, Waffen, Drogen

Sieh dir die Liste an!

👫	🔒	#	ENG	KOR	CHN
	●	810	Amsa		
		811	Cheonho(Pungnaptoseong)	( )	( )
	●	812	Gangdong-gu Office		

Preise

Größe (cm) (B x T x H)	4 Std.	4 - 12 Std.	12+ Std.	1 Tag	langfristig (1 Monat)
S (500 x 300 x 600)	2.000 KRW	500 KRW/Std.	alle12 Std. 2.000 KRW	8.000 KRW	50.000 KRW
M (500 x 450 x 650)	3.000 KRW	800 KRW/Std.	alle 12 Std. 3.000 KRW	12,400 KRW	80.000 KRW
L (500 x 900 x 600)	4.000 KRW	1.000 KRW/Std.	alle 12 Std. 4.000 KRW	16.000 KRW	100.000 KRW

LERNE DIE KOREANISCHE WÄHRUNG KENNEN

Papiergeld

Der größte Schein ist 50.000 오만원 (o-man-won), was etwa 35 EUR entspricht,
gefolgt von 10.000 만원 (man-won), etwa 7 EUR,
5.000 오천원 (o-cheon-won), etwa 3,5 EUR,
und 1.000 천원 (cheon-won), etwa 0,7 EUR.

Münzen

Die größte Münze ist 500 오백원 (o-baek-won), etwa 35 EURO-Cent,
gefolgt von 100 백원 (baek-won), etwa 7 EURO-Cent,
50 오십원 (o-ship-won), etwa 3,5 EURO-Cent,
und 10 십원 (ship-won), etwa 0,7 EURO-Cent.
Es gibt 5 und 1 Won-Münzen, die heute aber fast nie verwendet werden.

Kann ich Samsung Galaxy Pay / Apple Pay verwenden?

Ab 2022 wird Samsung Galaxy Pay in Korea weitgehend akzeptiert, aber Apple Pay ist noch nicht in Korea angekommen. Es gibt jedoch Gerüchte, dass Apple Pay in naher Zukunft ebenfalls verfügbar sein wird. Halte also nach Updates Ausschau!

Benutzung von Geldautomaten in Korea

Du KANNST deine in deinem Heimatland ausgestellte Debitkarte verwenden, um in Korea Geld an einem Geldautomaten abzuheben. Achte auf das „Global ATM"-Zeichen an einem Geldautomaten. Oder nutze die unten stehenden Links, um nach einem Geldautomaten in deiner Nähe zu suchen. (Auch wenn es auf Koreanisch ist, gib einfach eine Adresse auf Englisch ein und du bekommst die Details auch auf Englisch).

www.mastercard.co.kr/ko-kr/personal/get-support/find-nearest-atm.html

www.visa.com/atmlocator/

www.unionpayintl.com/cardholderServ/serviceCenter/atm?language=en

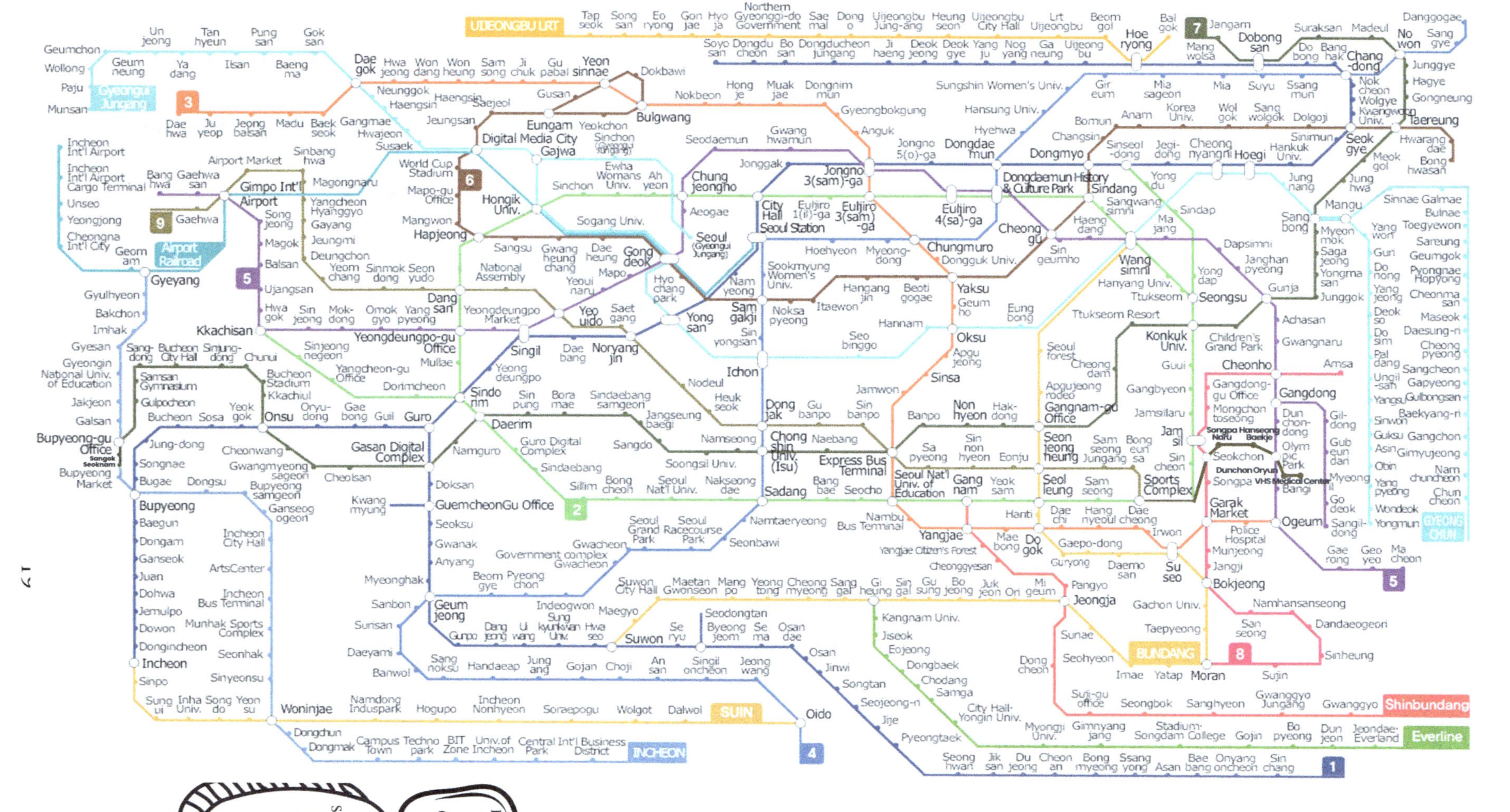

Die Karte zeigt auch andere Linien, die in Seoul ein- und ausfahren, wie z.B. die Bundang, Shinbundang, Gyeongchun, Everline, usw. In diesem Buch geht es nur um die Linien 1-9.

Dies ist der vollständige Plan des Seouler U-Bahn-Systems. Wie du siehst, gibt es jedoch zu viele Details, um sie alle auf dieser Seite darzustellen! Wir schlagen vor, dass du diese Seite als schnelle Referenz nimmst und die Apps benutzt, die wir in den vorherigen Abschnitten vorgestellt haben, um das optimale Reiseerlebnis zu haben!

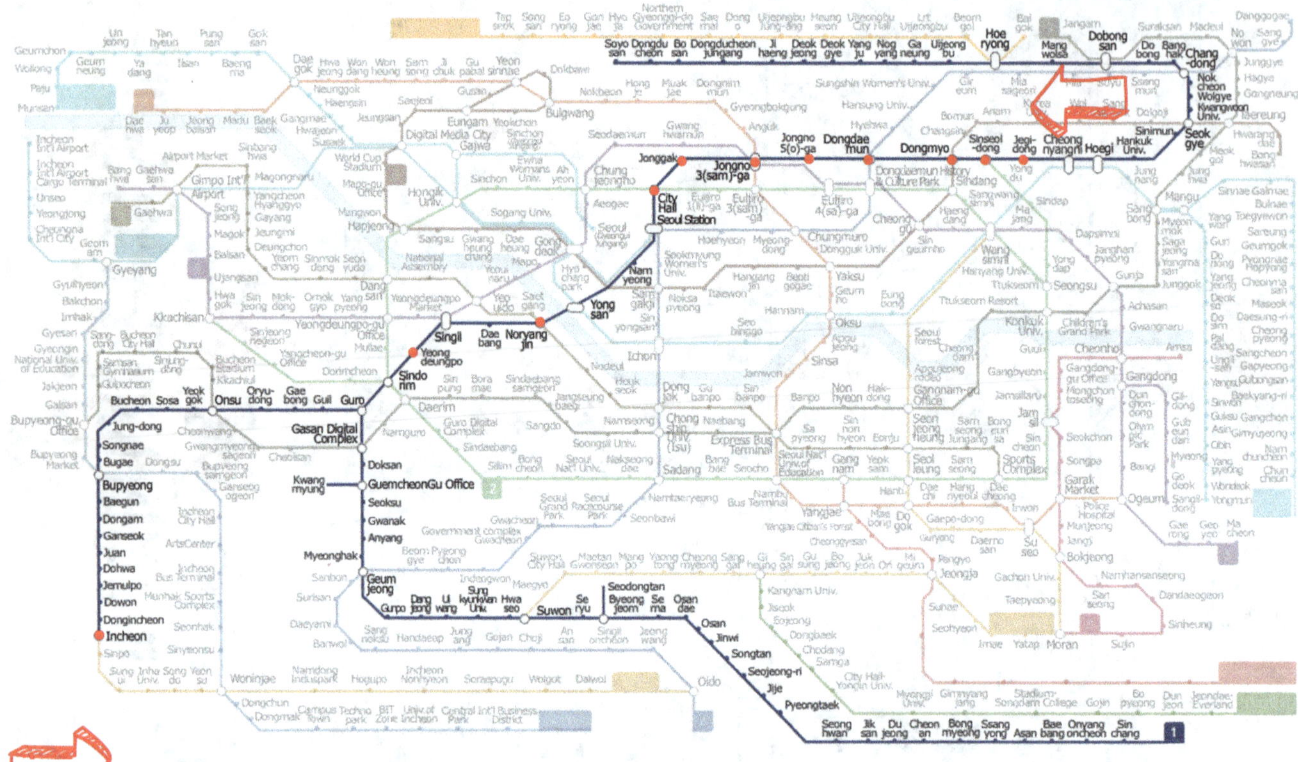

---

(125) JEGIDONG 제기동

- Gyeongdong Kräutermarkt 경동시장

(126)=(211-4) SINSEOLDONG 신설동

- Seouler Volksflohmarkt 서울풍물시장

(127)=(637) DONGMYO 동묘앞역

- Dongmyo Flohmarkt 동묘 벼룩시장

(128)=(421) DONGDAEMUN 동대문

- Heunginjimun Park 흥인지문 공원
- Dongdaemun/Heunginjimun-Tor 동대문/흥인지문
- Cheonggyecheon 청계천

(129) JONGNO-5(O)-GA 종로5가

- Gwangjang-Markt 광장시장

(130)=(329)=(534) JONGNO 3(SAM)-GA 종로 3가

- Tapgol Park 탑골공원
- Jongmyo-Königsschrein 종묘
- Nagwon Instrumentenhalle 낙원악기상가

(131) JONGGAK 종각

- Jogyesa-Tempel 조계사
- Bosingak Glockenturm 보신각

(132)=(201) CITY HALL 시청

- Jeong Dong Jeil Kirche 정동제일교회
- Nationales Chongdong-Theater 정동극장
- Seoul-Platz 서울광장
- Deoksugung-Palast 덕수궁
- Die ehemalige russische Gesandtschaft 구 러시아 공사관
- Nationalmuseum für moderne und zeitgenössische Kunst 국립현대미술관
- Hwangudan-Altar 환구단

(136)=(917) NORYANGJIN 노량진

- Noryangjin-Fischereimarkt 노량진 수산시장
- Sayuksinmyo Gräber der sechs Märtyrer 사육신묘

(139) YEONGDEUNGPO 영등포

- Times Square 타임스퀘어

(161) INCHEON 인천

- Wolmi Theme Park 월미 테마파크
- Incheon Chinatown 차이나타운

Vorsicht bei den Stationsnummern - Verwende die Nummer nur, um deinen Standort zu bestimmen! Denn eine Nummer, die kleiner oder größer ist als eine andere (z. B. 302 & 803), bedeutet nicht unbedingt, dass man weiter im Westen oder im Osten ist. Jede Linie beginnt an einem anderen Punkt und hat einen anderen Weg. Gehe nicht davon aus, dass du in aufsteigender oder absteigender Reihenfolge der Stationsnummern fahren musst, und schaue auf der Karte nach, wo sich die einzelnen Stationen befinden, bevor du eine Reise beginnst.

- **Älteste U-Bahn-Strecke im Seouler U-Bahn-System (wurde am 15. August 1974 eröffnet)**
- **Deckt einen großen Teil des Hauptstadtgebiets von Seoul ab. Die Linie teilt sich an der Guro Station: westlich nach Incheon und südlich nach Byeongjeom und Cheonan.**
- **Anzahl der Stationen: 98**
- **Endstationen: Soyosan / Incheon / Sinchang / Gwangmyeong / Seodongtan**

Gyeongdong Kräutermarkt
경동시장

Dongdaemun-gu Yangnyeong jungang-ro 10
서울 동대문구 약령중앙로 10

Kurz nach dem Koreakrieg versammelten sich Bauern aus verschiedenen Regionen Südkoreas, um ihre Produkte zu verkaufen, und gründeten diesen Markt, der sich auf Zutaten der koreanischen Medizin, getrocknete Meeresfrüchte und Gemüse spezialisiert hat. Im November 1982 wurde ein neues Gebäude fertiggestellt, in dem der größte Ginsengmarkt Koreas eröffnet wurde. Er ist auch auf orientalische Medizin spezialisiert. Heute ist er als Touristenattraktion sehr bekannt. In den letzten Jahren gab es genauso viele Kunden wie auf dem Noryangjin Fischmarkt, und auch Bekleidungsgeschäfte (2. Stock des neuen Gebäudes) und Blumenläden (3. Stock des neuen Gebäudes) haben eröffnet.

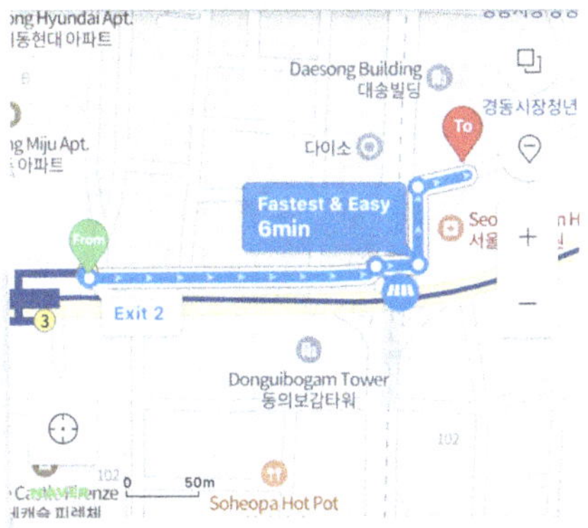

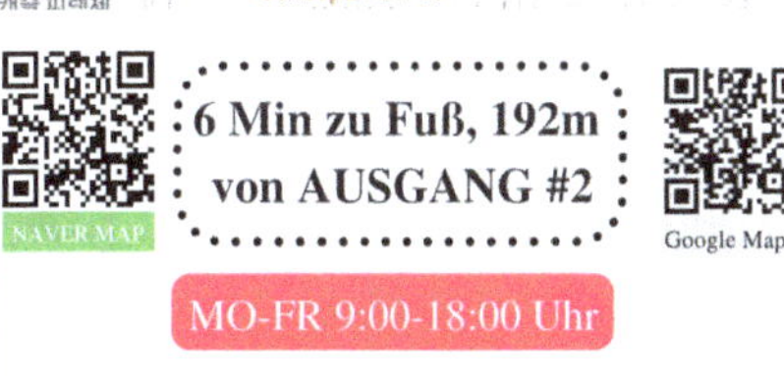

Seouler Volksflohmarkt
서울풍물시장

Dongdaemun-gu Cheonho-daero 4-gil 21
서울 동대문구 천호대로 4길 21

Der Seouler Pungmul-Markt verlor seinen Standort, als das Projekt zur Wiederherstellung des Cheonggyecheon-Bachs stattfand, und zog deshalb 2008 an einen anderen Ort um. Auf dem Markt werden Haushaltswaren, touristische Souvenirs, lokale Produkte und Volksessen verkauft. Das zweistöckige Gebäude ist voll von Gegenständen und Lebensmitteln, die das einfache Leben der koreanischen Bevölkerung in der Vergangenheit nachempfinden lassen. Der Seouler Pungmul-Markt ist in sieben Farben unterteilt und bietet Lebensmittel, lokale Spezialitäten, Reliefs, traditionelle Möbel, antike Gegenstände, Modeaccessoires, Kleidung, Kalligrafie und koreanisches Papier. Im Gegensatz zu Insa-dong gibt es hier keine teuren Produkte, und er ist auch ein beliebter Besichtigungsplatz für ausländische Touristen, weil er in der Nähe des Cheonggyecheon-Bachs liegt.

www.pungmul.or.kr

Dongmyo Flohmarkt
동묘 벼룩시장

Jongno-gu Sungin-dong 102-8
서울 종로구 숭인동 102-8

Der Dongmyo-Flohmarkt wurde in den späten 1980er Jahren gegründet, und seine Größe ist im Vergleich zu seinem Ruf stark geschrumpft, aber er ist immer noch eine beliebte Attraktion, wo alle Arten von seltenen Gegenständen gesammelt werden. Das Angebot reicht von Kleidung, Schuhen und Geldbörsen bis hin zu Uhren und Elektronik und sogar alten Büchern und Filmplakaten. Der beliebteste Artikel ist gebrauchte Kleidung. Die Händler nehmen in der Regel die Kleidung unter Vertrag, die jedes Jahr in den Recyclingboxen der Wohnkomplexe gesammelt wird, und kaufen sie für 250 bis 300 Won pro Kilogramm. Die meisten Kleidungsstücke kosten 1.000 Won, aber Pelze und Leder liegen bei 10.000 Won und Luxusgüter bei 100.000 Won. Da sich die Mundpropaganda herumspricht, besuchen sparsame Menschen die Provinzen, und die Betreiber von Internet-Einkaufszentren tätigen große Einkäufe. Die beste Zeit zum Einkaufen ist an einem Feiertagsnachmittag, wenn mehr als 250 Straßenverkäufer ihre Waren anbieten.

Heunginjimun Park
흥인지문 공원

Jongno-gu Jong-ro 6-ga 70
서울 종로구 종로6가 70

Der Heunginjimun-Park wurde als Park angelegt, nachdem das Dongdaemun-Krankenhaus der Ewha Womans University und die angrenzenden Gebiete abgerissen wurden. Die Hanyangdoseong (Festungsmauer der Stadt Seoul) wurde 1396 während der Joseon-Dynastie errichtet, um die Hauptstadt Hanyang (das heutige Seoul) vor Eindringlingen zu schützen, und ist mit einer Höhe von 8 m und einer Länge von 18,6 km die längste bestehende Stadtmauer der Welt. Die Mauer, die die Stadt Seoul umgibt, ist keine Grenze, sondern ein Weg, der die Vergangenheit und die Gegenwart Seouls miteinander verbindet. Die 4 km lange Wanderstrecke ist ein einfacher Spaziergang.

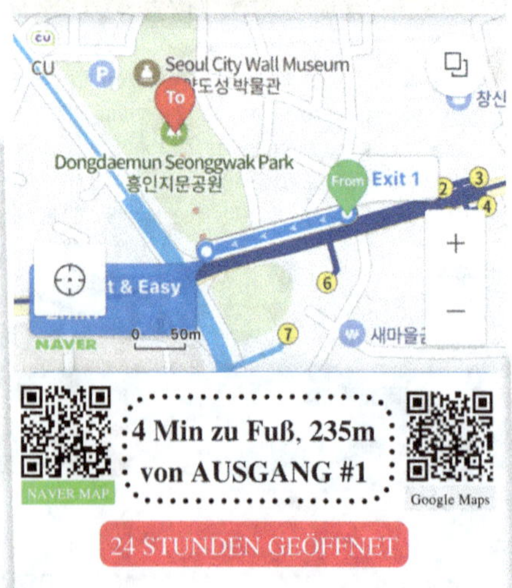

4 Min zu Fuß, 235m von AUSGANG #1

24 STUNDEN GEÖFFNET

Dongdaemun/Heunginjimun-Tor
동대문/흥인지문

Jongno-gu Jong-ro 288
서울 종로구 종로 288

Dongdaemun (das bedeutet „das Osttor" und heißt offiziell Heunginjimun-Tor) ist das östliche Tor der damaligen Hauptstadt Seoul, das 1398 erbaut wurde. Das heutige Tor wurde 1869 wieder aufgebaut. Zu dieser Zeit wurden in der Festung Seoul vier Tore und vier Türme gebaut. Das Heunginjimun-Tor ist zusammen mit dem Sungnyemun-Tor das größte Tor in Seoul. Es hat ein Torhaus, in dem die Wachen untergebracht waren und das im Notfall auch als Kommandoposten für das Militär diente. Außerhalb des Torhauses halfen Ziegelmauern und Holzfenster, den Feind abzuhalten. Das Torhaus des Heunginjimun-Tors spiegelt die Merkmale von Gebäuden des 19. Jahrhunderts wider, die eine einfache Gesamtstruktur, aber viele Verzierungen aufweisen. Außerdem wurde eine halbmondförmige Festung davor platziert, um Feinde abzuwehren. Nachts sind die Lichter eingeschaltet und bieten einen anderen Anblick als tagsüber.

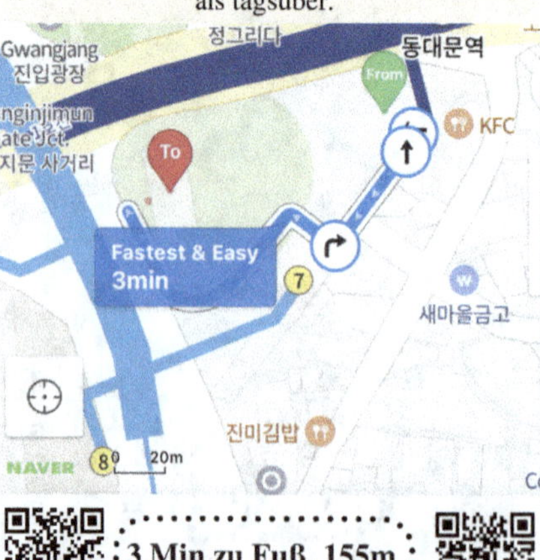

3 Min zu Fuß, 155m von AUSGANG #6

24 STUNDEN GEÖFFNET

Cheonggyecheon
청계천

Jongno-gu Cheonggyecheon-ro 1
서울 종로구 청계천로 1

Vor dem Restaurierungsprojekt im Jahr 2005 war er nur ein verlassener Wasserweg. Heute ist er ein 10,9 km langes öffentliches Naherholungsgebiet im Herzen Seouls, das inmitten des geschäftigen Stadtlebens seine natürliche Schönheit ausspielt. Unter den 20 Brücken, die er hat, symbolisieren Narae und Gwanggyo die Harmonie von Vergangenheit und Zukunft. Er führt in der Nähe des Deoksugung-Palastes, der Insa-dong-Straße, des Changdeokgung-Palastes und des Changgyeonggung-Palastes vorbei. Es ist ein schöner Ort für einen angenehmen Spaziergang, einen lustigen Familienausflug oder ein romantisches Date. Viele Büsche und Grünflächen sind hier zu finden.

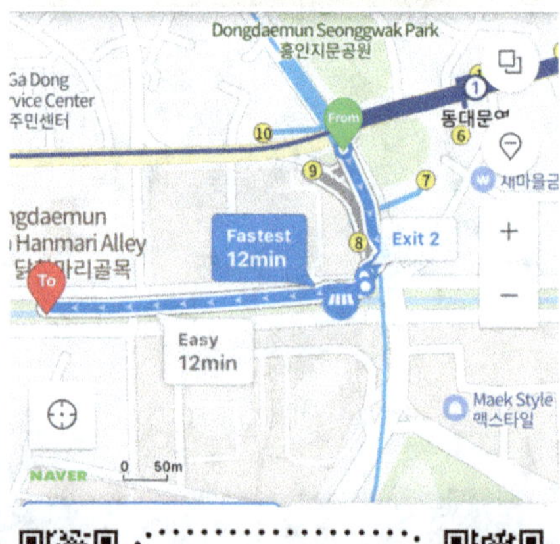

12 Min zu Fuß, 387m von AUSGANG #8

24 STUNDEN GEÖFFNET

www.sisul.or.kr/open_content/cheonggye

Gwangjang-Markt
광장시장

Jongno-gu Changgyeonggung-ro 88
서울 종로구 창경궁로 88

Er ist einer der lebendigsten traditionellen Märkte in Seoul und für Reisende leicht zu erreichen, da er sich im Zentrum der Stadt befindet. Der traditionelle Markt, der auf eine lange Geschichte zurückblicken kann, entstand Anfang des 20. Jahrhunderts und bietet verschiedene Artikel wie Kleidung und Lebensmittel an. Der Lebensmittelmarkt ist besonders berühmt. Neben Gimbap kannst du hier auch verschiedene Pfannkuchen, Tteokbokki und Fischfrikadellen genießen, die vor Ort zu günstigen Preisen hergestellt werden. Wenn du dich für Kleidung interessierst, solltest du unbedingt im Hanbok-Laden vorbeischauen, wo du farbenfrohe traditionelle Kleidung und einen Laden für Vintage-Kleidung in der zweiten Etage finden kannst.

5 Min zu Fuß, 296m von AUSGANG #8

MO-FR 09:00 - 23:00 Uhr

www.kwangjangmarket.co.kr

Tapgol Park
탑골공원

Jongno-gu Jong-ro 99
서울 종로구 종로 99

Heutzutage ist der Tapgol-Park als Ruhestätte für ältere Menschen bekannt, er ist aber auch ein historischer Ort, an dem am 1. März 1919 die Unabhängigkeitsbewegung gegen die japanische Kolonialherrschaft entstand. Ursprünglich befand sich hier der Wongaksa-Tempel. Der Park wurde erst 1897 unter König Gojong des koreanischen Reiches im westlichen Stil angelegt. Er wurde Pagodenpark genannt und 1992 in Tapgol-Park umbenannt. Wenn du durch das Haupttor des Tapgol-Parks gehst, kannst du auch die 10-stöckige Steinpagode der Wongaksa-Tempelanlage, Nationalschatz Nr. 2, sehen, die aufgrund ihres farbenfrohen und einzigartigen Stils als ein herausragendes Meisterwerk gilt. Im Tapgol-Park hörst du die Rufe nach Unabhängigkeit nicht mehr, doch bleibt die Bedeutung des Tages unverändert.

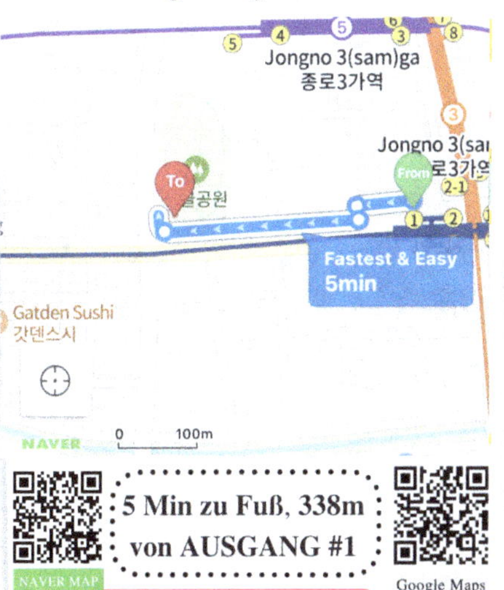

5 Min zu Fuß, 338m von AUSGANG #1

MO-FR 09:00 - 18:00 Uhr

Jongmyo-Königsschrein
종묘

Jongno-gu Hunjeong-dong 1
서울 종로구 훈정동 1

Der Jongmyo-Schrein ist eines der raffiniertesten und majestätischsten Gebäude in der Form eines konfuzianischen Schreins, der den Königen und Königinnen der Joseon-Dynastie und ihren Nachkommen gewidmet ist. Er ist von kleinen Bergen und Wäldern umgeben und besteht aus der Jeongjeon-Halle, der Yeongnyeongjeon-Halle und mehreren Nebengebäuden, die für die Vorbereitung von Ritualen notwendig sind. Im Pavillon wurde nur ein Minimum an Farbe verwendet, und die Dekoration und die Technik wurden so weit wie möglich zurückhaltend gestaltet. Das liegt daran, dass der Jongmyo-Schrein ein feierlicher und ehrfürchtiger Ort ist, an dem die Geister der Ahnen aufbewahrt wurden. Jongmyo Jerye und Jeryeak (rituelle Musik) wurden 2001 als „Meisterwerke des mündlichen und immateriellen Kulturerbes der Menschheit" in die Liste des immateriellen Kulturerbes der UNESCO aufgenommen und werden seit 2008 im repräsentativen Verzeichnis des immateriellen Kulturerbes der Menschheit geführt.

3 Min zu Fuß, 299m von AUSGANG #11

Die Öffnungszeiten ändern sich je nach Jahreszeit. Schaue vor deinem Besuch auf der Homepage nach.

jm.cha.go.kr

Nagwon Instrumentenhalle
낙원악기상가

Jongno-gu Samil-daero 428
서울 종로구 삼일대로 428

Es ist das größte Einkaufszentrum für Musikinstrumente in Korea, und Hunderte von Musikinstrumentengeschäften sind im zweiten und dritten Stock des Gebäudes konzentriert. Die Besucher reichen von jungen Studenten bis hin zu professionellen Musikern. Einige haben sich auf den Verkauf von nur einem Instrument spezialisiert, z. B. Gitarre und Klavier, andere bieten verschiedene Instrumente an, sowohl neue als auch gebrauchte. Es gibt teure Gitarren, die fast 10 Millionen Won (10.000 EUR) kosten, aber auch preiswerte Gitarren, die nur einige zehntausend Won kosten. Es gibt auch Zubehör für Musikinstrumente und Soundgeräte, und es gibt Orte, an denen du deine Musikinstrumente von erfahrenen Experten reparieren lassen kannst. Im vierten Stock gibt es ein "Silver Movie Theater" für ältere Menschen und das „Seoul Art Cinema", in dem Independent-Filme gezeigt werden.

3 Min zu Fuß, 104m von AUSGANG #5

Google Maps

TÄGLICH
10:00 - 19:30 Uhr
SONNTAG GESCHLOSSEN

enakwon.com

Jogyesa-Tempel
조계사

Jongno-gu Ujeongguk-ro 55
서울 종로구 우정국로 55

Der Jogyesa-Tempel ist der zentrale Tempel des koreanischen Buddhismus. Es heißt, dass der Name Jogye vom Berg Jogyesan stammt, auf dem Meister Hyeneung verweilte. Hier befindet sich der sitzende Buddha Mokbul des Jogyesa-Tempels, materielles Kulturgut Nr. 126, Seoul Metropolitan Government. Das Laternenfest wird jedes Jahr zum Gedenken an Buddhas Geburtstag in der Nähe des Jogyesa-Tempels und in den Straßen von Jongno veranstaltet und ist eine gute Attraktion für gewöhnliche und ausländische Touristen. Verpasse nicht die verschiedenen Veranstaltungen und Paraden zum Laternenfest.

7 Min zu Fuß, 508m von AUSGANG #2

Google Maps

24 STUNDEN GEÖFFNET

www.jogyesa.kr

Bosingak Glockenturm
보신각

Jongno-gu Jong-ro 54
서울 종로구 종로 54

Es ist ein traditioneller zweistöckiger Hanok-Pavillon, in dem eine Bronzeglocke aufgehängt ist, und besteht aus fünf Erkern im vorderen Bereich und vier Erkern im seitlichen Bereich. Er wurde im Jahr 1396 gegründet und im August 1869 wieder aufgebaut. Am 10. November 1997 wurde er unter dem Namen Bosingak zum Denkmal Nr. 10 der Stadtregierung von Seoul ernannt. Am 1. Januar um Mitternacht findet das Neujahrsglockenläuten statt, das repräsentativste Ereignis der koreanischen Neujahrsfeier. Tausende Bürger versammeln sich vor dem Bosingak-Pavillon.

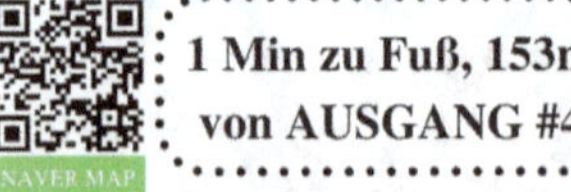

1 Min zu Fuß, 153m von AUSGANG #4

Google Maps

24 STUNDEN GEÖFFNET

Jeong Dong Jeil Kirche
정동제일교회

Jung-gu Jeongdong-gil 46
서울 중구 정동길 46

Sie wurde 1885 von dem amerikanischen Missionar Henry Appenzeller gegründet und ist eine der ersten methodistischen Kirchen in Korea. Zusammen mit der presbyterianischen Saemoonan Church wird sie in Korea die „Mutter der Kirchen" genannt. Die Bethel-Kapelle der Kirche war die erste Kapelle im westlichen Stil in Korea und wurde 1977 als Koreanische Historische Stätte Nr. 256 ausgewiesen. Auch die erste Pfeifenorgel Koreas wurde 1918 in der Kirche eingeweiht, und Jeongdongseongga war führend in der protestantischen Musikkultur des Landes.

6 Min zu Fuß, 555m von AUSGANG #1

Kirchenzeiten ansehen

chungdong.org

Nationales Chongdong-Theater
정동극장

Jung-gu Jeongdong-gil 43
서울 중구 정동길 43

Das Chongdong (Jeongdong) Theater wurde 1995 mit dem historischen Auftrag gegründet, das Wongaksa, das erste moderne Theater Koreas, wiederherzustellen und dabei drei Ziele zu verfolgen: die Entwicklung und Verbreitung traditioneller Kunst, die Entwicklung kultureller Bewegungen im täglichen Leben und die Förderung der Jugendkultur. Zur Zeit seiner Eröffnung war es eine Zweigstelle des koreanischen Nationaltheaters, aber 1997 wurde es zu einem völlig unabhängigen Unternehmen. Es gibt 400 Sitzplätze und in der Mitte der Bühne ist eine Drehbühne mit einem Durchmesser von 9 Metern installiert. Außerdem wurde die Höhenbühne des Orchesters als variable Bühne gestaltet, die bei Bedarf als beweglicher Zuschauerraum mit 75 Plätzen genutzt werden kann. Es eignet sich nicht nur für traditionelle Kunst, sondern auch für darstellende Künste aller Genres, wie Musik, Tanz und Theater.

6 Min zu Fuß, 439m von AUSGANG #1

Veranstaltungsplan ansehen

www.jeongdong.or.kr

Seoul-Platz
서울광장

Jung-gu Taepyeong-ro 17-3
서울 중구 태평로2가 17-3

Die Seoul-Platz war Schauplatz zahlreicher historischer Ereignisse wie der Unabhängigkeitsbewegung vom 1. März und der Demokratischen Bewegung vom Juni und war Schauplatz von Bürgerfesten während der Fußballweltmeisterschaft 2002. Heute ist sie für alle Bürgerinnen und Bürger zugänglich, aber es ist erst etwas mehr als ein Jahrzehnt her, dass die Menschen diesen Platz betreten konnten. Zuvor hieß die Seoul-Platz „Platz vor dem Rathaus" und war von Autos umgeben. Die Geschichte der Seoul-Platz begann 1897, als König Gojong in die russische Gesandtschaft floh und in den Deoksugung-Palast zurückkehrte. Um die Gründung des Landes zu erneuern, baute König Gojong eine strahlenförmige Straße in der Mitte vor dem Daehanmun-Tor des Deoksugung-Palastes und errichtete einen Platz und einen Altar davor.

2 Min zu Fuß, 91m von AUSGANG #5

24 STUNDEN GEÖFFNET

plaza.seoul.go.kr

Deoksugung-Palast
덕수궁

Jung-gu Sejong-daero 99
서울 중구 세종대로 99

Ursprünglich war dieser Palast das Haus des Prinzen Wolsan, wurde aber nach der japanischen Invasion Koreas im Jahr 1592 zum Königspalast, als König Seonjo ihn vorübergehend zur königlichen Residenz machte. Als König Gwanghae 1608 in den neu errichteten Changdeokgung-Palast zog, benannte er diesen Palast in Gyeongungung-Palast um. Er wurde 1897 erneut als Königspalast genutzt, als König Gojong, der in der russischen Gesandtschaft Zuflucht suchte, hierher zog. Im Jahr 1906 wurde der Name des Gyeongungung-Palastes in Deoksugung-Palast geändert. Hier findest du Gebäude, die sowohl traditionelle als auch westliche Stilelemente enthalten. Es gibt auch den Mythos, dass sich Paare trennen, wenn du den Jeongdong-gil, auch Deoksugung Stonewall Walkway genannt, entlanggehst. Vor dem Daehanmun-Tor findet jeden Tag um 11 und 14 Uhr die „Königliche Torwächter-Wechselzeremonie" statt, die eine große Touristenattraktion ist.

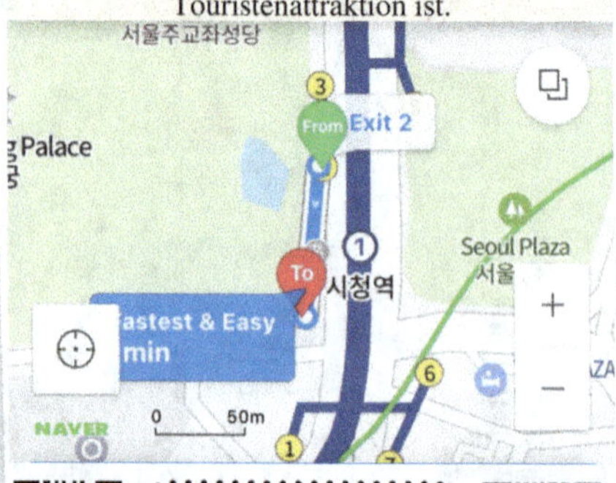

1 Min zu Fuß, 80m
von AUSGANG #2

Google Maps

TÄGLICH 9:00 - 21:00 Uhr
MONTAG GESCHLOSSEN

www.deoksugung.go.kr

Nationalmuseum für moderne und zeitgenössische Kunst 국립현대미술관

Jung-gu Sejong-daero 99
서울 중구 세종대로 99

Dieses Gebäude wurde als Museum genutzt, um die Joseon-Kunstausstellung zu zeigen, nachdem der Deoksugung-Palast 1933 für die Öffentlichkeit geöffnet wurde. Das Nationalmuseum für moderne und zeitgenössische Kunst Deoksugung Branch wurde 1998 als Zweigstelle im Deoksugung-Palast eröffnet. Es ist ein symmetrisches Gebäude mit einem Vorbau mit korinthischen Säulen. In dem rechtwinkligen Raum, der von den Ost- und Westsälen der Seokjojeon-Halle umgeben ist, gibt es einen Garten mit einem Bronzebrunnen. Es ist der erste Garten Koreas im westlichen Stil und dient immer noch als Brunnen. Die Bank gegenüber dem Westflügel auf der anderen Seite des Gartens ist der beste Platz, um den Brunnen zu genießen.

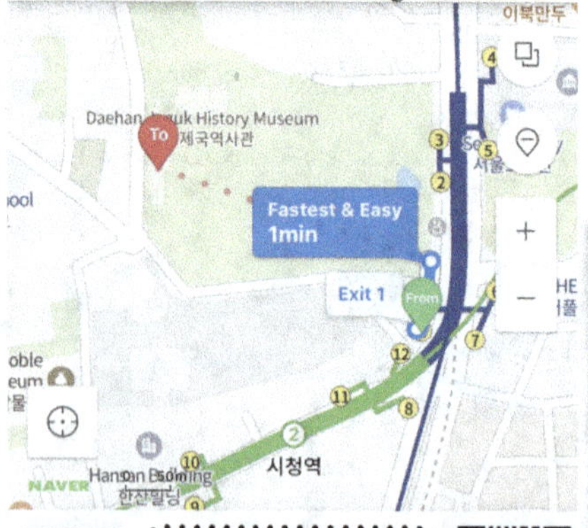

1 Min zu Fuß, 72m
von AUSGANG #1

Google Maps

MONTAG GESCHLOSSEN

www.mmca.go.kr

Neben dieser Deoksugung-Einrichtung gibt es noch weitere in Seoul, Gwacheon und Chenongju. Besuche die Homepage für weitere Informationen.

Die ehemalige russische Gesandtschaft 구 러시아 공사관

Jung-gu Jeongdong-gil 21-18
서울 중구 정동길 21-18

In diesem Gebäude suchte König Gojong des koreanischen Reiches von 1896 bis 1897 Zuflucht, nachdem er aus dem Gyeongbokgung-Palast geflohen war, der von der japanischen Armee und dem pro-japanischen Kabinett kontrolliert wurde. Die meisten Gebäude wurden während des Koreakriegs zerstört, und heute sind nur noch der Keller und die Pagode erhalten. Das Gebäude ist ein zweistöckiges Backsteingebäude mit einer Pagode auf einer Seite. Der Stil ist ein Renaissance-Bau mit zwei regenbogenförmigen Fenstern und einem Giebelkopf auf den vier Seiten. Obwohl der größte Teil der ursprünglichen Form beschädigt wurde, wurde das Gebäude im September 1977 aufgrund seiner historischen Bedeutung unter Denkmalschutz gestellt.

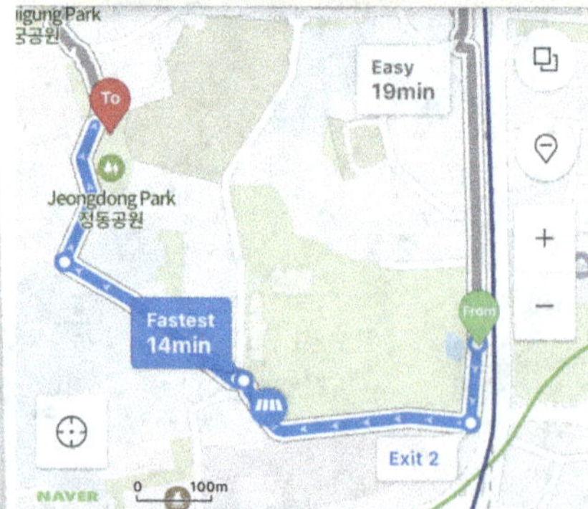

14 Min zu Fuß, 870m
von AUSGANG #2

Google Maps

24 STUNDEN GEÖFFNET

Hwangudan-Altar
환구단

Jung-gu Sogong-ro 106
서울 중구 소공로 106

Der Altar, der sich auf dem Gelände des Westin Chosun Hotels befindet, war ein schamanisches Bauwerk, das während der Goryeo und Joseon Dynastie für den Himmelsritus errichtet wurde. Dieses Bauwerk wurde zwischen 1464 und 1897 abgebaut, aber als die Joseon-Dynastie Teil des koreanischen Reiches wurde, wieder aufgebaut. Die drei Steintrommeln symbolisieren die Instrumente, die für die Rituale verwendet wurden. Es ist eine historische Stätte, die bei den Einheimischen nicht sehr bekannt ist, was sie zu einem guten Ort für Fotos und zum Entspannen macht.

4 Min zu Fuß, 169m von AUSGANG #6

24 STUNDEN GEÖFFNET

Noryangjin-Fischereimarkt
노량진 수산시장

Dongjak-gu Nodeul-ro 674
서울 동작구 노들로 674

Ein Ort, an dem du mitten in der Innenstadt von Seoul, die weit vom Meer entfernt ist, auf das Meer treffen kannst? Das ist der Noryangjin Fischmarkt. Hier werden verschiedene Meeresprodukte aus dem ganzen Land gesammelt und über Auktionen zu den Märkten im ganzen Land transportiert. Es ist auch das größte „Sashimi-Restaurant" in Seoul. Normalerweise kannst du die Live-Auktion für Großhändler zwischen 1 und 4 Uhr morgens beobachten. Während der Essenszeiten ist es voll mit Kunden, die frisches Sashimi suchen, aber es ist auch ein einzigartiger Treffpunkt für junge Paare.

4 Min zu Fuß, 248m von AUSGANG #1

24 STUNDEN GEÖFFNET

www.susansijang.co.kr

Sayuksinmyo Gräber der sechs Märtyrer 사육신묘

Dongjak-gu Noryangjin-ro 191
서울 동작구 노량진로 191

Diese Grabstätte erinnert an sechs junge Märtyrer, die wegen eines gescheiterten Plans zur Wiedereinsetzung des Königs Danjong aus der Josoen-Dynastie hingerichtet wurden. Diese Stätte soll an die Loyalität und Rechtschaffenheit der 6 erinnern. Es ist keine überwältigende Stätte, sondern immer ein ruhiger und gelassener Ort. Am besten besuchst du sie im Frühling, wenn die Forsythien und Azaleen in voller Blüte stehen.

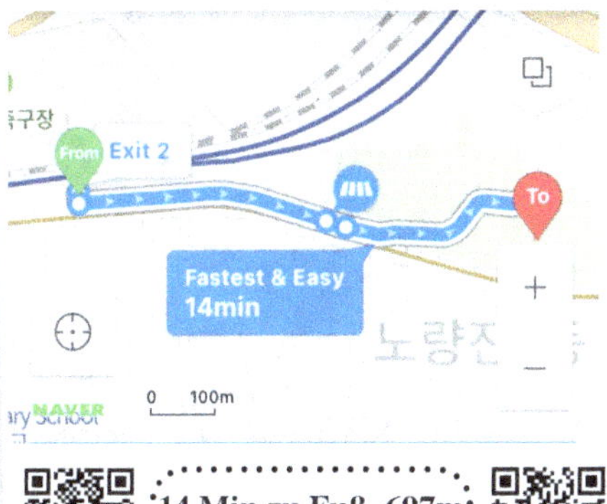

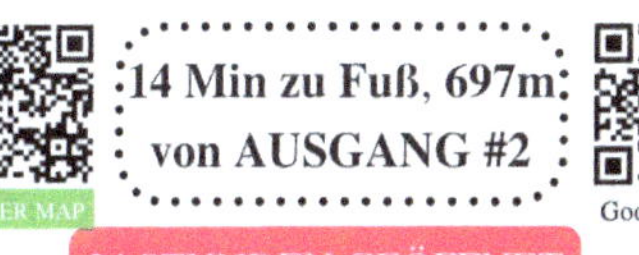

14 Min zu Fuß, 697m von AUSGANG #2

Google Maps

24 STUNDEN GEÖFFNET

(139) YEONGDEUNGPO 영등포

(161) INCHEON 인천

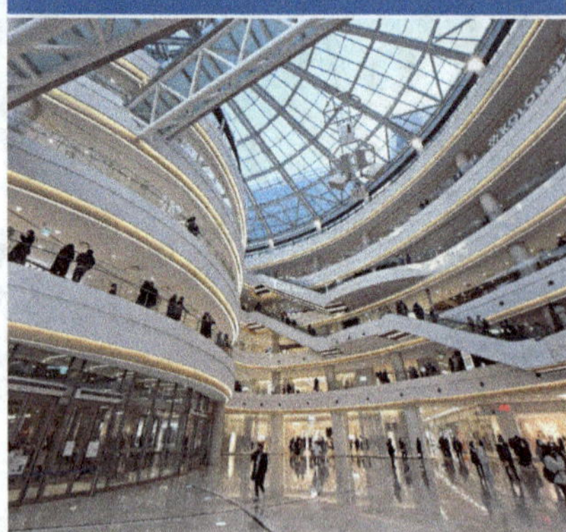

Times Square
타임스퀘어

Yeongdeungpo-gu, Yeongjung-ro 15
서울 영등포구 영중로 15

Der Times Square, der 2009 eröffnet wurde, ist eines der größten Einkaufszentren in Seoul mit durchschnittlich mehr als 200.000 Besuchern pro Tag. Er bietet ein komplettes Einkaufserlebnis und befriedigt gleichzeitig Lifestyle-Bedürfnisse wie Mode, Kultur, Essen gehen und Unterhaltung. Das Hauptatrium verfügt über einen großen offenen Raum auf dem Dach des ersten Stocks mit einer großen Glasscheibe, sodass du den Himmel von allen Etagen des Raums aus sehen kannst, was eine angenehme Atmosphäre schafft. Jedes Wochenende gibt es verschiedene Aufführungen und Aktivitäten, an denen die Besucher teilnehmen können.

NAVER MAP

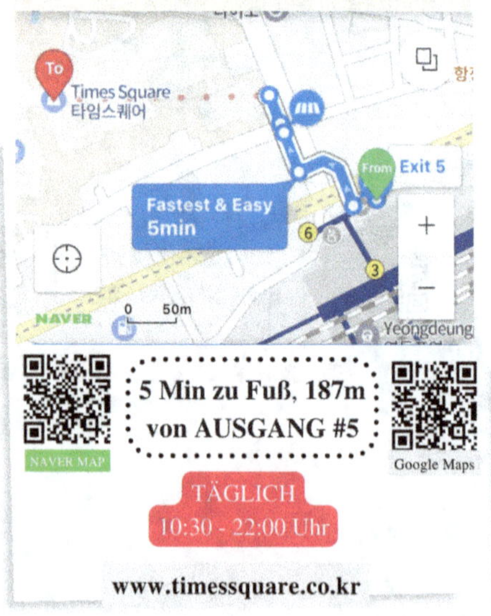

5 Min zu Fuß, 187m
von AUSGANG #5

Google Maps

TÄGLICH
10:30 - 22:00 Uhr

www.timessquare.co.kr

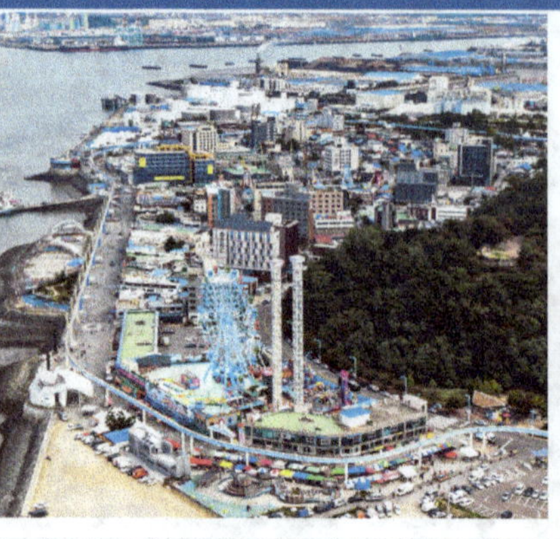

Wolmi (Theme Park) Freizeitpark
월미 테마파크

Incheon Jung-gu Wolmimunhwa-ro 81
인천 중구 월미문화로 81

Die Insel Wolmido ist seit ihrer Eröffnung im Jahr 1992 bei Einheimischen und Touristen sehr beliebt, denn sie bietet eine hervorragende Naturkulisse. Seitdem wurde sie 2009 als riesige Anlage namens Wolmi Theme Park wiedergeboren. Der Wolmi Theme Park war bereits in verschiedenen Fernsehsendungen wie „We Got Married“, „One Night, Two Days“ und „Running Man“ zu sehen. Er ist mit beeindruckenden Fahrgeschäften wie dem 70 Meter hohen Hyper Shots Drops, der Tagada Disco, dem Two-Story Viking und dem 115 Meter hohen Riesenrad ausgestattet. Das riesige Indoor-Kinderspielzentrum Chapi Family Park, Wasserspieleinrichtungen wie Mini-Flume-Fahrten, Wasserboote, Wasserballspiele und 4D-Kinos sind Orte, an denen sich alle, von Kindern bis zu Erwachsenen, vergnügen können.

NAVER MAP

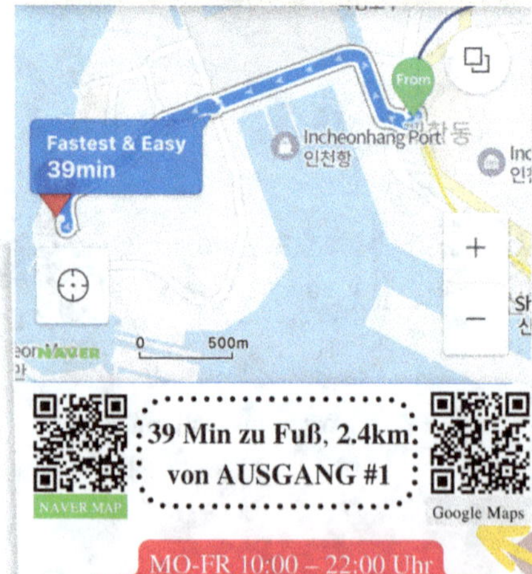

39 Min zu Fuß, 2.4km
von AUSGANG #1

Google Maps

MO-FR 10:00 – 22:00 Uhr
WOCHENENDE 10:00 - 22:30 Uhr

www.my-land.co.kr

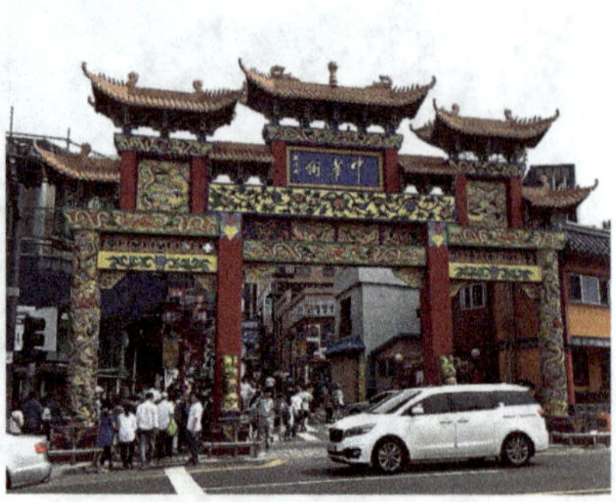

Incheon Chinatown
차이나타운

Incheon Jung-gu Chinataun-ro 26 beon-gil 12-17
인천 중구 차이나타운로26번길 12-17

Incheon Chinatown entstand, als der Hafen von Incheon 1883 eröffnet wurde und wurde 1884 als exterritoriales Gebiet der Qing-Dynastie ausgewiesen. Früher verkauften die meisten Läden importierte Waren aus China, aber heute gibt es hier vor allem chinesische Restaurants. Chinatown ist der Ort, an dem die Chinesen in Korea früher am meisten gelebt haben. Heute ist sie berühmt für Dutzende von chinesischen Restaurants, Bäckereien und Cafés und es gibt viele Attraktionen wie die Samgukji Mural Street, den Freedom Park und das Donghwa Village. Wenn du am Wochenende kommst, kannst du Touristen sehen, die die Straßen bevölkern, und lange Linien von Menschen vor vielen berühmten chinesischen Restaurants.

NAVER MAP

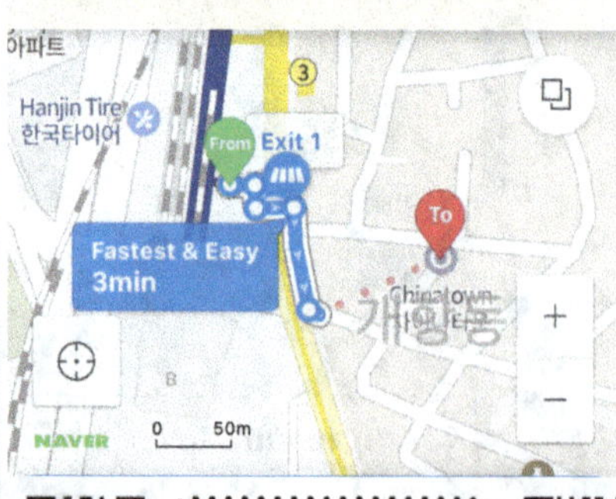

3 Min zu Fuß, 108m
von AUSGANG #1

Google Maps

24 STUNDEN GEÖFFNET

(Um schneller dorthin zu gelangen, kannst du:
- an der Haltestelle vor der Incheon Station in den Bus Nr. 45 einsteigen
- und an der Haltestelle Wolmi Theme Park aussteigen (T-Money wird akzeptiert).

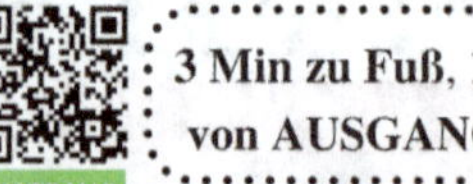

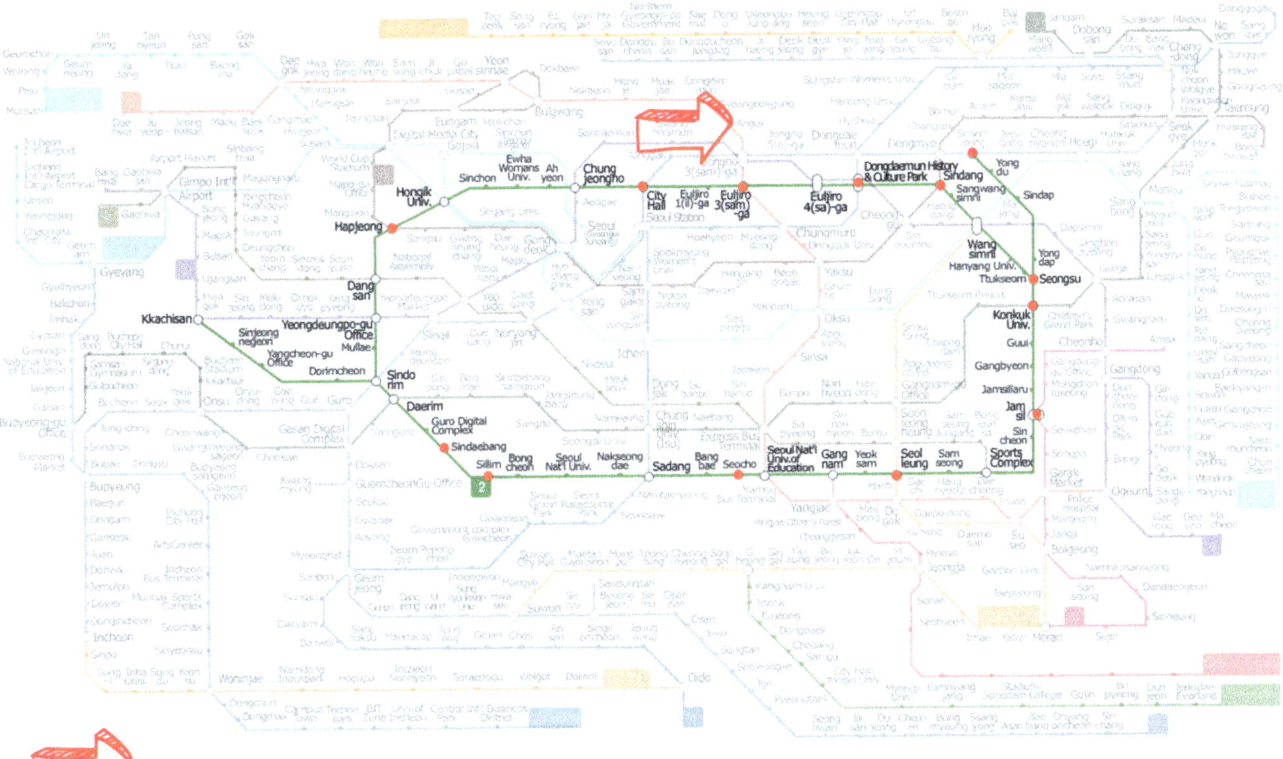

(201)=(132) CITY HALL 시청

- Jeong Dong Jeil Kirche정동제일교회
- Nationales Chongdong-Theater 정동극장
- Seoul-Platz 서울광장
- Deoksugung-Palast 덕수궁
- Die ehemalige russische Gesandtschaft 구 러시아 공사관
- Nationalmuseum für moderne und zeitgenössische Kunst 국립현대미술관
- Hwangudan-Altar 환구단

(220) SEOLLEUNG 선릉

- Seonjeongneung Königsgräber 서울 선릉과 정릉

(238)=(622) HAPJEONG 합정

- Yanghwajin Friedhof für ausländische Missionare 양화진외국인선교사묘원
- Märtyrerschrein Jeoldusan 절두산 성지
- Mecenatpolis Mall 메세나폴리스몰

(203)=(330) EULJIRO 3(SAM)-GA 을지로 3가

- Youngnak Presbyterianische Kirche 영락교회

(206)=(635) SINDANG 신당

- Hwanghakdong Flohmarkt 황학동 벼룩시장
- Chungmu Art Center 충무 아트센터
- Sindangdong Tteokbokki Town 신당동 떡볶이타운

(224) SEOCHO 서초

- Sillim-dong Sundae Town 신림동 순대타운

(205) DONGDAEMUN HISTORY & CULTURE PARK 동대문역사문화공원

- Dongdaemun Digital Plaza (DDP) 동대문 디지털 플라자
- Dongdaemun Fashion Town 동대문 패션타운

(210) TTUKSEOM 뚝섬

- Seoul Forest 서울숲

(212)=(727) KONKUK UNIV. 건대입구

- Common Ground 커먼그라운드

(230) SILLIM 신림

- Seorae Dorf & Montmartre Park 서래마을 & 몽마르뜨 공원

(211-4)=(126) SINSEOLDONG 신설동

- Seouler Volksflohmarkt 서울풍물시장

(216)=(814) JAMSIL 잠실

- Lotte World 롯데 월드
- Samjeondobi-Steind-enkmal 삼전도비

(231) SINDAEBANG 신대방

- Boramae Park 보라매 공원

- **Seouls am stärksten befahrene Linie – sie ist oft überfüllt.**
- **Kreisförmige Linie: Im Uhrzeigersinn wird sie als „innerer Kreis" bezeichnet, gegen den Uhrzeigersinn als „äußerer Kreis".**
- **Zweitlängste Schleife der Welt (60,2 km)**
- **Verbindet das Stadtzentrum mit Gangnam, Teheran Valley und dem COEX/KWTC-Komplex.**
- **Anzahl der Stationen: 51**
- **Endstationen: City Hall / Seongsu / Sindorim City Hall / Sinseol-dong / Kkachisan**

Jeong Dong Jeil Kirche
정동제일교회

6 Min zu Fuß, 555m von AUSGANG #1

Nationales Chongdong-Theater
정동극장

6 Min zu Fuß, 439m von AUSGANG #1

Seoul-Platz
서울광장

2 Min zu Fuß, 91m von AUSGANG #5

Deoksugung-Palast
덕수궁

1 Min zu Fuß, 80m von AUSGANG #2

Die ehemalige russische Gesandtschaft
구 러시아 공사관

14 Min zu Fuß, 870m von AUSGANG #2

Nationalmuseum für moderne und zeitgenössische Kunst 국립현대미술관

1 Min zu Fuß, 72m von AUSGANG #1

Hwangudan-Altar
환구단

4 Min zu Fuß, 169m von AUSGANG #6

Diese Orte wurden bereits auf den vorherigen Seiten vorgestellt.

Youngnak Presbyterianische Kirche
영락교회

Jung-gu, Supyo-ro 33
서울 중구 수표로 33

Sie wurde 1945 von Kyung-Chik Han in Seoul gegründet und von 27 Flüchtlingen aus dem sowjetisch besetzten Korea oberhalb des 38. Breitengrades eingeweiht. Als Rev. Han 1992 mit dem Templeton Prize for Progress in Religion ausgezeichnet wurde, stieg die Zahl der Mitglieder auf 60.000 und machte die Gemeinde zur größten presbyterianischen Gemeinde der Welt. Das Gebäude im neugotischen Stil war ein Zufluchtsort für verfolgte Flüchtlinge. Es ist zwar nicht besonders groß, aber zusammen mit der katholischen Kathedrale Myeong-dong auf der anderen Straßenseite ist es einen Besuch wert.

8 Min zu Fuß, 324m von AUSGANG #6

TÄGLICH 6:00 - 23:00 Uhr
MONTAG GESCHLOSSEN

www.youngnak.net

Dongdaemun Digital Plaza (DDP)
동대문 디지털 플라자

Jung-gu, Eulji-ro 281
서울 중구 을지로 281

Ist gerade ein UFO in Seoul gelandet? Dieses futuristische Gebäude wird dir ein einzigartiges Erlebnis bieten. Es ist ein großes städtisches Wahrzeichen, das von Zaha Hadid und Samoo entworfen wurde. Es verfügt über ein neofuturistisches Design, das sich durch längliche und geschwungene Formen auszeichnet. Es liegt im Zentrum von Seouls Modezentrum und beliebtem Touristenziel Dongdaemun und verfügt über einen begehbaren Park auf den Dächern, Ausstellungsräume, futuristische Geschäfte und restaurierte Teile der Festung von Seoul. Es gibt drei verschiedene Gebäude, die du unbedingt alle besuchen solltest.

1 Min zu Fuß, 35m von AUSGANG #1

TÄGLICH 10:00 - 20:00 Uhr

www.ddp.or.kr

Dongdaemun Fashion Town
동대문 패션타운

Jung-gu, Jangchungdan-ro 263
서울 중구 장충단로 263

In der Dongdaemun Fashion Town, die 2002 als besondere Touristenzone ausgewiesen wurde, gibt es traditionelle Märkte wie den Gwanghui Market und den Pyeonghwa Market, aufstrebende Großmärkte wie Golden Town und Appm und große komplexe Einkaufszentren wie Duta, Migliore und Good Morning City nebeneinander. Es gibt rund 30 große Einkaufszentren und allein 35.000 einzelne Geschäfte. In einem Umkreis von 1 km wird alles von der Planung über die Produktion bis zum Verkauf der Produkte abgewickelt. Das Ausmaß ist so riesig, dass man nicht alles an einem Tag besichtigen kann. Deshalb ist es nicht nur bei Koreanern, sondern auch bei ausländischen Touristen sehr beliebt.

4 Min zu Fuß, 208m von AUSGANG #14

Jedes Einkaufszentrum hat seine eigenen Öffnungszeiten. Die meisten sind jedoch von 10:30 Uhr bis Mitternacht. Einige sind montags geschlossen.

Hwanghakdong Flohmarkt
황학동 벼룩시장

Jung-gu Majang-ro 5-gil 11-7
서울 중구 마장로5길 11-7

Unter den Einheimischen ist er als „Markt für alles" bekannt, denn hier gibt es eine große Auswahl an gebrauchten Waren zu kaufen, von Antiquitäten bis hin zu Elektronik. Es ist verständlich, warum er als Paradies für Antiquitätensammler bekannt ist. Wenn du Glück hast, kannst du tolle Artikel zu einem starken Preisnachlass finden. Wenn du ein bisschen feilschst, kannst du vielleicht ein noch besseres Geschäft machen. Probiere es aus, es macht Spaß!

6 Min zu Fuß, 392m von AUSGANG #11

Normalerweise TÄGLICH 10:00 - 18/19:00 Uhr

Chungmu Art Center
충무 아트센터

Jongno-gu Changgyeonggung-ro 88
서울 종로구 창경궁로 88

Das Kulturzentrum liegt in Jung-gu, Seoul, und ist nach dem posthumen Titel Chungmu von Admiral Yi Sun-shin benannt, der in Inhyeon-dong im selben Bezirk geboren wurde. Es ist bekannt für seine hervorragende Umgebung für verschiedene Aufführungen wie klassische Musik, Theaterstücke und Musicals. Außerdem gibt es eine Galerie, einen Mehrzweckraum, eine Kongresshalle, einen Orchesterübungsraum, einen Übungsraum für lokale Kunstgruppen, ein Studio für Aufführungsübungen, einen Schulungsraum für die Kunstakademie und Sporteinrichtungen wie einen Golfübungsraum, ein Schwimmbad, einen Fitnessraum, einen Aerobicraum und einen Duschraum sowie weitere Einrichtungen.

2 Min zu Fuß, 105m von AUSGANG #9

TÄGLICH 9:00 - 22:00 Uhr MONTAG GESCHLOSSEN

www.caci.or.kr

Seouler Volksflohmarkt
서울풍물시장

3 Min zu Fuß, 199m von AUSGANG #9

Dieser Ort wurde bereits auf den vorherigen Seiten vorgestellt.

Sindangdong Tteokbokki Town
신당동 떡볶이타운

Jung-gu Sindang-dong 304-684
서울 중구 신당동 304-684

Hergestellt aus weichem, zähem Reiskuchen und gewürzt mit scharfer, süßer Gochujang-Sauce (scharfe Paprikapaste), ist es eines der beliebtesten Straßengerichte in Korea, das oft mit hart gekochten Eiern, Ramyun-Nudeln (Instantnudeln) und Fischkuchen serviert wird. Seine Geschichte reicht bis in die Joseon-Dynastie zurück. Die Geschichte besagt, dass er im königlichen Palast gegessen wurde und auch heute noch gegessen wird. Wegen seines süchtig machenden Geschmacks gibt es Franchise-Restaurants mit dem Namen „narcotic tteobokki".

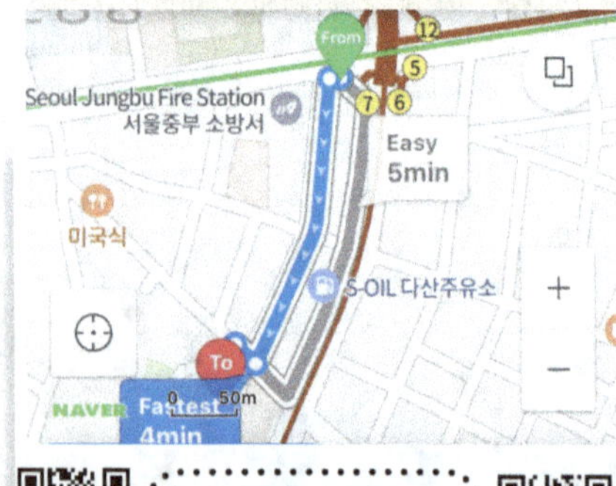

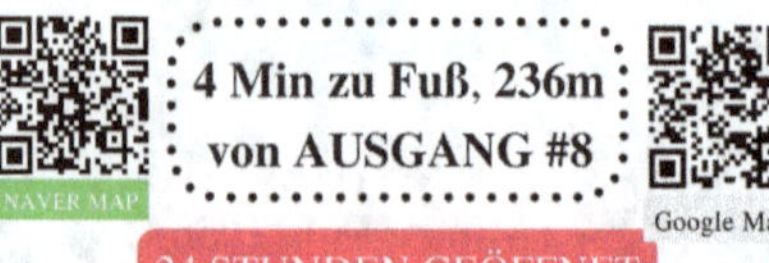

4 Min zu Fuß, 236m von AUSGANG #8

Google Maps

24 STUNDEN GEÖFFNET

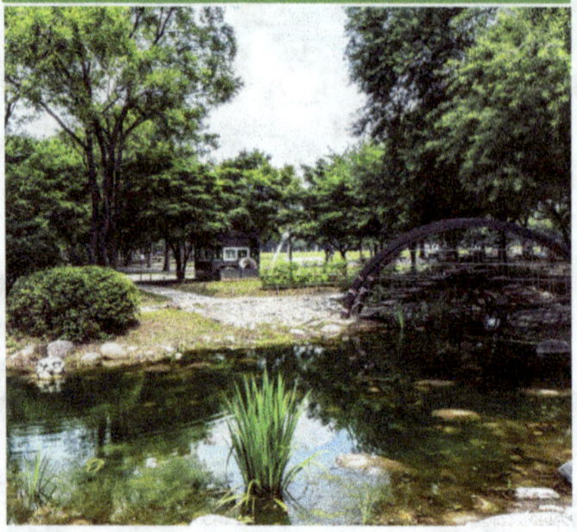

Seoul Forest
서울숲

Seongdong-gu Ttukseom-ro 273
서울 성동구 뚝섬로 273

Der 2005 eröffnete Seoul Forest wird zu einem entspannenden Erholungsort für die Bürger. Der Seoul Forest ist in fünf Themenparks unterteilt, darunter der Culture and Arts Park, der Ecological Forest, das Nature Experience Learning Center, das Wetland Ecological Center und der Hangang Waterfront Park. Im Kultur- und Kunstpark gibt es Statuen und Waldspielplätze. Der Ecological Forest vereint wilde Tiere und Pflanzen, während das Nature Experience Learning Center aus einem Wächterwald und einem botanischen Garten für Insekten besteht. Das Wetland Ecology Center bietet Wälder und natürliche Spielplätze sowie Unterricht im Freien. Der Hangang Waterfront Park verfügt über einen Fahrradweg und eine Anlegestelle für das Kreuzfahrtschiff auf dem Fluss Hangang, was ihn zu einem idealen Ort für Dates macht.

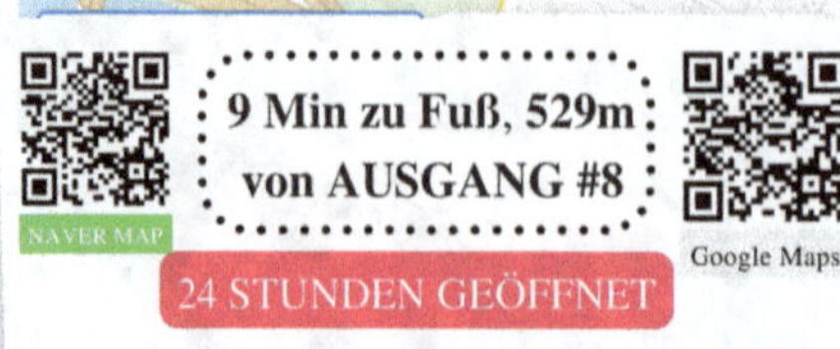

9 Min zu Fuß, 529m von AUSGANG #8

Google Maps

24 STUNDEN GEÖFFNET

parks.seoul.go.kr/template/sub/seoulforest.do

(212)=(727) KONKUK UNIV. 건대입구

Common Ground
커먼그라운드

Gwangjin-gu, Achasan-ro 200
서울 광진구 아차산로 200

Das größte Container-Pop-up-Einkaufszentrum der Welt wurde 2015 von Kolon FnC aus mehr als 200 großen Containern errichtet. Die ikonischen blauen Containerboxen sind mit Bolzen verbunden. Im Inneren des Gebäudes gibt es Einkaufszentren für Sportmarken, handgemachte Burger, Pasta und Brunch-Cafés. Es gilt auch als eines der drei besten touristischen Ziele für Containerarchitektur in Seoul. Gemäß der Linie „Youth Culture Factory", in der Marken mit jungem kulturellem Empfinden aus der ganzen Welt und talentierte Designer aus Korea koexistieren, sind die Besucher hier vor allem junge Leute in ihren 20ern und 30ern, aber auch viele ausländische Touristen kommen.

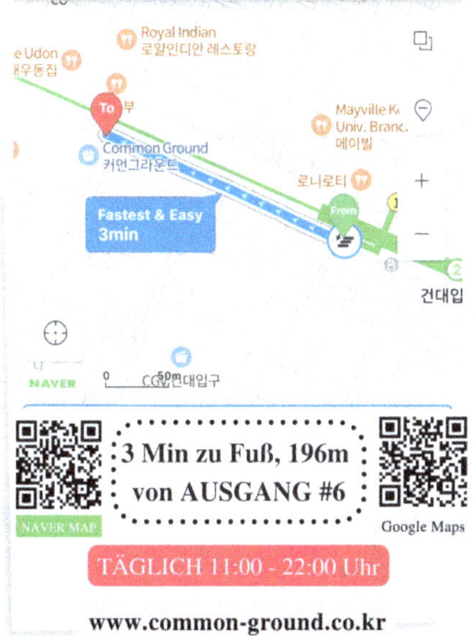

3 Min zu Fuß, 196m von AUSGANG #6

Google Maps

TÄGLICH 11:00 - 22:00 Uhr

www.common-ground.co.kr

(216)=(814) JAMSIL 잠실

Lotte World
롯데 월드

Songpa-gu Ollimpik-ro 240
서울 송파구 올림픽로 240

Lotte World wird jedes Jahr von über 7 Millionen Menschen besucht und ist ein Mega-Freizeitkomplex mit dem größten Indoor-Freizeitpark der Welt. Er beherbergt verschiedene Einrichtungen, darunter Einkaufszentren, ein Luxushotel, ein koreanisches Volksmuseum, Sportanlagen und Kinosäle. Hier befindet sich auch die größte Eisbahn Koreas. Im Park gibt es eine Reihe von Aufführungen, die du ohne Aufpreis besuchen kannst. „Magic Island" ist eine künstliche Insel in einem See, die mit einer Einschienenbahn verbunden ist. Es ist ein großartiger Vergnügungspark und ein Einkaufszentrum für Menschen jeden Alters. Hier kannst du dich den ganzen Tag lang amüsieren. Lade die App „Magic Pass" herunter, um lange Warteschlangen zu umgehen.

2 Min zu Fuß, 143m von AUSGANG #4

Google Maps

TÄGLICH 10:00 - 22:00 Uhr

www.lotteworld.com

Samjeondobi-Steind-enkmal
삼전도비

Songpa-gu Songpanaru-gil 256
서울 송파구 송파나루길 256

Es ist ein Denkmal, das zur Erinnerung an die Unterwerfung der Joseon-Dynastie unter die Qing-Dynastie im Jahr 1636 infolge der zweiten Mandschu-Invasion errichtet wurde, bei der sich König Injo als Diener neunmal feierlich vor Hong Taiji aus der Qing-Dynastie verbeugen musste. Der Vertrag von Samjeondo verlangte, dass sein erster und zweiter Sohn gefangen genommen und die Joseon-Dynastie zu einem tributpflichtigen Staat gemacht werden sollte. Es ist ein wichtiges Stück der (schändlichen) Geschichte Koreas. Ein kurzer Besuch lohnt sich, wenn du in der Stadt bist (Lotte World & Seokchon Lake).

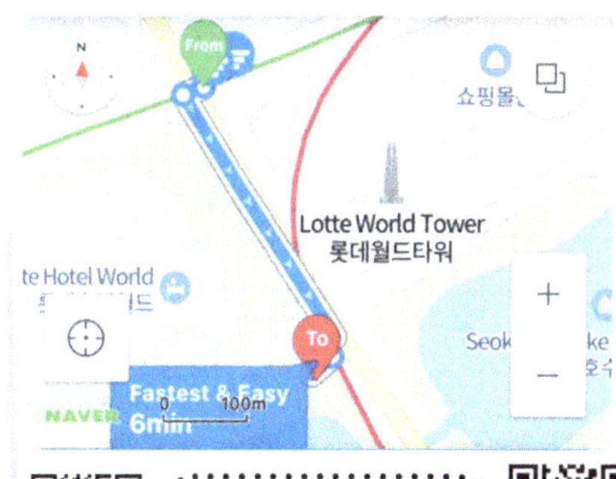

6 Min zu Fuß, 270m von AUSGANG #3

Google Maps

24 STUNDEN GEÖFFNET

Seonjeongneung Königsgräber
서울 선릉과 정릉

Gangnam-gu Samseong-2-dong 100-gil 1
서울 강남구 삼성2동 선릉로100길 1

Die Königsgräber Seonneung und Jeongneung sind Königsgräber, in denen König Seongjong, der neunte König der Joseon-Dynastie, Königin Jeonghyeon und König Jungjong der Joseon-Dynastie ruhen. Dieser Ort ist historisch bedeutsam, aber die grüne Natur ist so gut erhalten, dass man ihn „den Wald in der Stadt" nennt. Wenn du die Königsgräber Seonneung und Jeongneung betrittst, wirst du von ihrer beachtlichen Größe überrascht sein. Vor allem der Waldweg von Jeongneung, dem Grab von König Jungjong, nach Seonneung, wo König Seongjong und Königin Jeonghyeon ruhen, ist weitläufig. Du triffst auf Bürger, die auf dem Verbindungsweg zwischen den Gräbern spazieren gehen, und auf solche, die sich im Schatten eines schönen Baumes ausruhen. Es ist ein entspannender Wald, in dem du inmitten einer komplexen Stadt eine Pause einlegen kannst. Er wurde 2009 in die Liste des UNESCO-Weltkulturerbes aufgenommen.

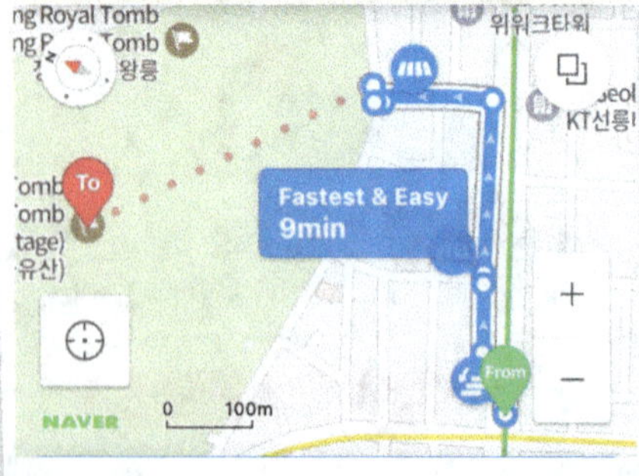

9 Min zu Fuß, 432m von AUSGANG #10

Google Maps

TÄGLICH 6:00 - 20:00 Uhr
MONTAG GESCHLOSSEN

royaltombs.cha.go.kr

Seorae Dorf & Montmartre Park
서래마을 & 몽마르뜨 공원

Seocho-gu, Seocho-dong, San177-3
서울 서초구 서초동 산177-3

Ursprünglich war der Park ein mit Akazien bewaldeter Hügel, aber im Jahr 2000 startete die Seoul Metropolitan Waterworks Headquarters ein Entwässerungsprojekt, um das Banpo-Gebiet mit Leitungswasser zu versorgen, und schuf in Absprache mit der Seoul Metropolitan Government den „Montmartre Park", um den Anwohnern Ruhezonen zu bieten. Der Park wurde „Montmartre Park" genannt, weil in dem nahegelegenen Dorf Seorae *viele* Franzosen lebten und die Zufahrtsstraße zu diesem Dorf Montmartre Road hieß. In Seorae Village gibt es eine internationale französische Schule und viele französische Bäckereien.

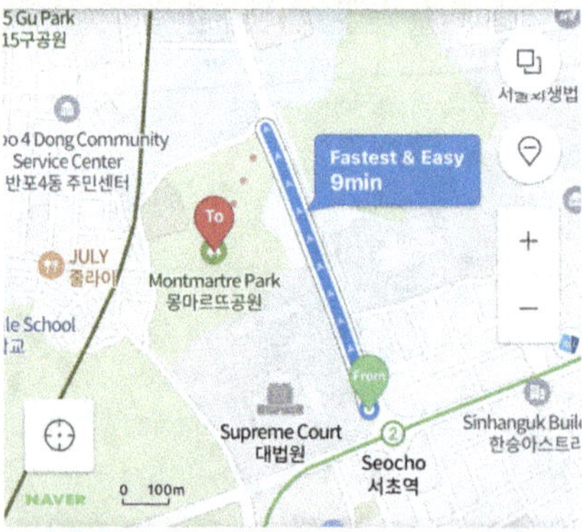

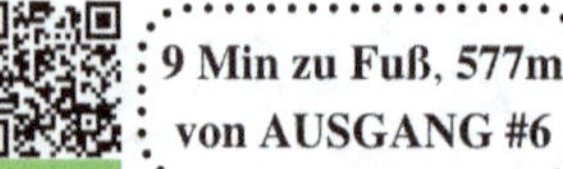

9 Min zu Fuß, 577m von AUSGANG #6

Google Maps

24 STUNDEN GEÖFFNET

Sillim-dong Sundae Town
신림동 순대타운

Gwanak-gu, Sillim-ro 59-gil 14
서울 관악구 신림로 59길 14

Der erste Ort, der dir in den Sinn kommt, wenn du an Sillim-dong denkst, ist Sundae Town. Sundae-Straßenverkäufer gab es natürlich schon in den 1960er Jahren, aber als 1992 das Folk Sundae Town-Gebäude gebaut wurde, zogen die auf dem traditionellen Markt verstreuten Sundae-Häuser an einen Ort zusammen und bildeten die heutige Sundae Town. Im Gegensatz zu gewöhnlichen Eisbechern sind Baeksundae (einfache Eisbecher) und scharfe Eisbecher, die mit roter Paprikapaste, verschiedenen Gemüsesorten und Gewürzen mit Rinderdärmen gemischt werden, in Sillim-dong berühmt, und junge Leute kommen oft, um leckere Eisbecher zu erschwinglichen Preisen zu essen. Einige Restaurants bieten auch einzigartige Menüs mit gebratenem Tintenfisch und gebratenen Kutteln an.

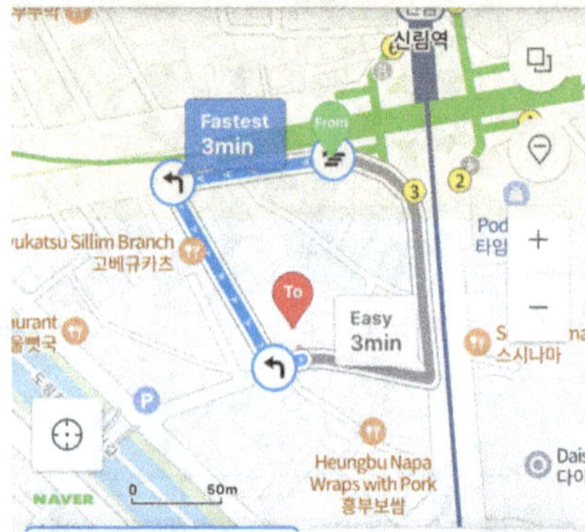

3 Min zu Fuß, 175m von AUSGANG #4

Google Maps

Jedes Restaurant hat seine eigenen Öffnungszeiten. Diese sind in der Regel von 10:00 Uhr bis nach Mitternacht.

Boramae Park
보라매 공원

Dongjak-gu Sindaebang-dong 395
서울 동작구 신대방동 395

Der Boramae Park wurde am 5. Mai 1986 eröffnet, nachdem der Platz, den die Air Force Academy am 20. Dezember 1985 verlassen hatte, wieder hergerichtet worden war. Den heutigen Namen erhielt der Park, nachdem er das Symbol der Air Force Academy, Boramae (ein junger Falke), übernommen hatte. Der Boramae Park, der den südwestlichen Teil von Seoul repräsentiert, ist bei vielen Bürgern als Erholungs-, Bewegungs- und Kulturraum beliebt, da er sowohl mit Dongjak-gu als auch mit Gwanak-gu und Yeongdeungpo-gu in Verbindung steht.

Erstaunliche Wasserfontänen-Show während:
MAI-SEP
12:00 ~ 12:50 Uhr / 17:00 ~ 17:20 Uhr
19:00 ~ 19:20 Uhr (beleuchtet)
20:00 ~ 20:20 Uhr (beleuchtet)
*Zeitänderungen vorbehalten

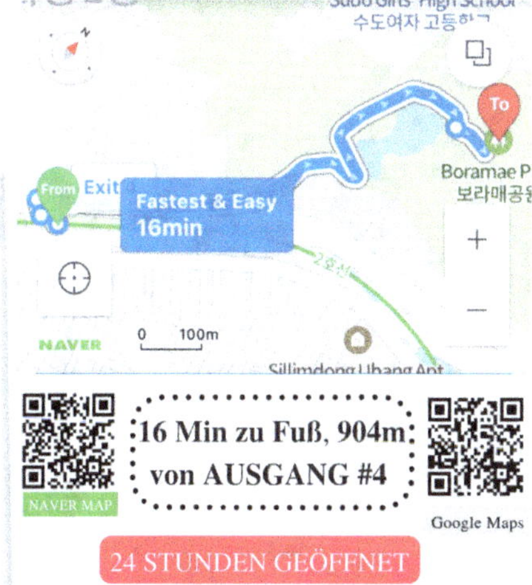

16 Min zu Fuß, 904m von AUSGANG #4

24 STUNDEN GEÖFFNET

parks.seoul.go.krtemplate/sub/boramae.do

Yanghwajin Friedhof für ausländische Missionare 양화진외국인선교사묘원

Mapo-gu Yanghwajin-gil 46
마포구 양화진길 46

Vom Ende der Joseon-Dynastie bis zur japanischen Kolonialzeit kamen etwa 1.500 ausländische Missionare nach Korea. Sie engagierten sich vor allem in den Bereichen Medizin, Bildung und Wohltätigkeit, obwohl das Christentum in der Joseon-Dynastie verboten war. Sie hofften, auch nach ihrem Tod in Korea begraben zu werden, und so wurde dieser Friedhof angelegt. Der Yanghwajin befindet sich neben der katholischen heiligen Stätte des Jeoldusan-Bergs und stellt die Geschichte des damaligen Umbruchs dar, einschließlich der Hinrichtung von Katholiken und der Enthauptung von Kim Ok-kyun, einem Mitglied der Aufklärung. Insgesamt 417 Missionare aus 15 Ländern, darunter 145 erste Missionare und ihre Familien, sind hier beigesetzt, ebenso wie 555 Gräber von Menschen, die an der Modernisierung Koreas gearbeitet haben.

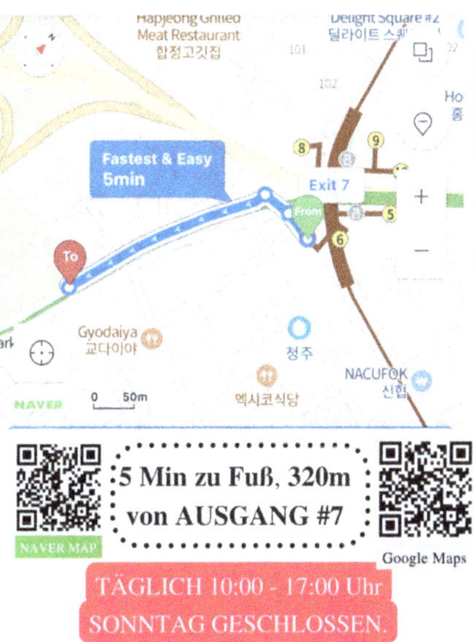

5 Min zu Fuß, 320m von AUSGANG #7

**TÄGLICH 10:00 - 17:00 Uhr
SONNTAG GESCHLOSSEN.**

yanghwajin.net

Märtyrerschrein Jeoldusan
절두산 성지

Mapo-gu, Tojeong-ro 6
서울 마포구 토정로 6

Wörtlich übersetzt bedeutet er „Enthauptungsberg" und ist der Ort der Byeongin-Verfolgung von 1866. Der Geschichte nach verloren bis zu 2.000 koreanische Katholiken ihr Leben, von denen 27 zu Heiligen erklärt wurden. Im Museum neben der Kapelle sind noch einige der damaligen Foltergeräte ausgestellt. Papst Johannes Paul II. besuchte sie 1984 und Mutter Teresa 1985. Es ist ein wirklich inspirierender Ort, egal ob du katholisch bist oder nicht. Sonntags ist die beste Zeit für einen Besuch, denn dann finden auf dem Gelände viele Gebetsversammlungen statt.

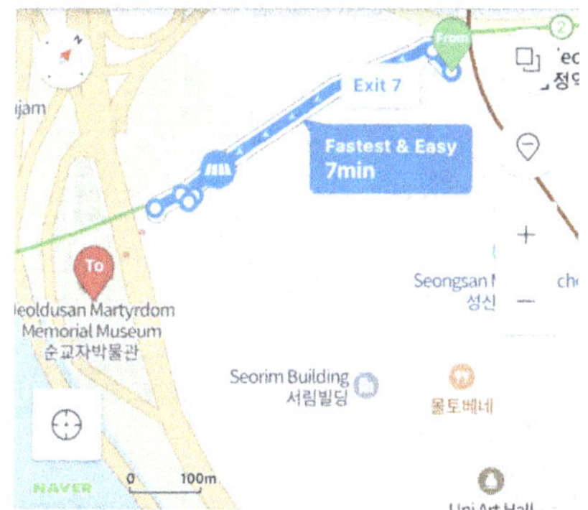

7 Min zu Fuß, 482m von AUSGANG #7

**TÄGLICH 9:30 - 17:00 Uhr
MONTAG GESCHLOSSEN**

www.jeoldusan.or.kr

(238)=(622) HAPJEONG 합정

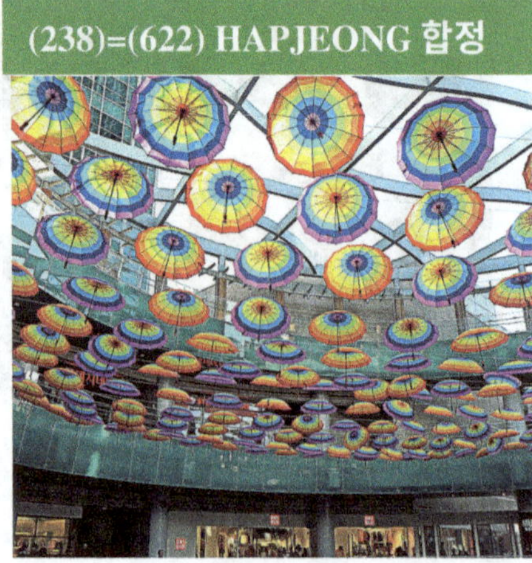

Mecenatpolis Mall
메세나폴리스몰

Mapo-gu, Yanghwa-ro 45
서울 마포구 양화로 45

Es handelt sich um einen Hochhaus-Wohn- und Geschäftskomplex mit 34 oberirdischen und sieben unterirdischen Stockwerken. In dem Wohnkomplex gibt es kulturelle Einrichtungen wie das Lotte Cinema und Homeplus, verschiedene Restaurants, Cafés, Einkaufszentren und Kunstzentren, sodass du bequem einkaufen und essen gehen kannst. Auch die U-Bahn ist direkt angeschlossen, sodass du dich leicht fortbewegen kannst.

NAVER MAP

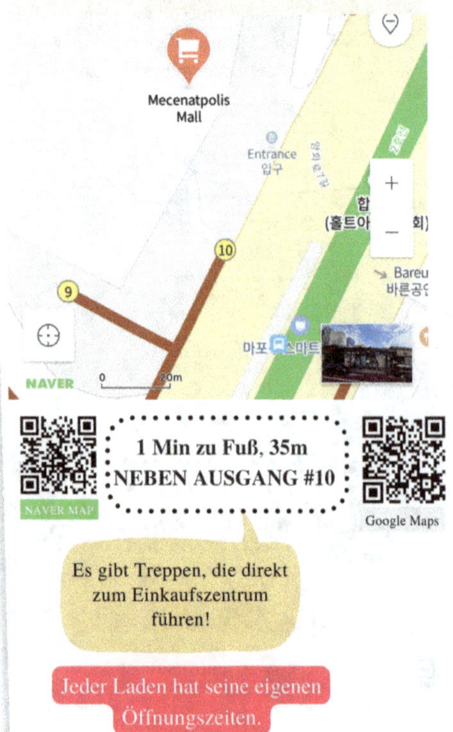

1 Min zu Fuß, 35m
NEBEN AUSGANG #10

Google Maps

Es gibt Treppen, die direkt zum Einkaufszentrum führen!

Jeder Laden hat seine eigenen Öffnungszeiten.

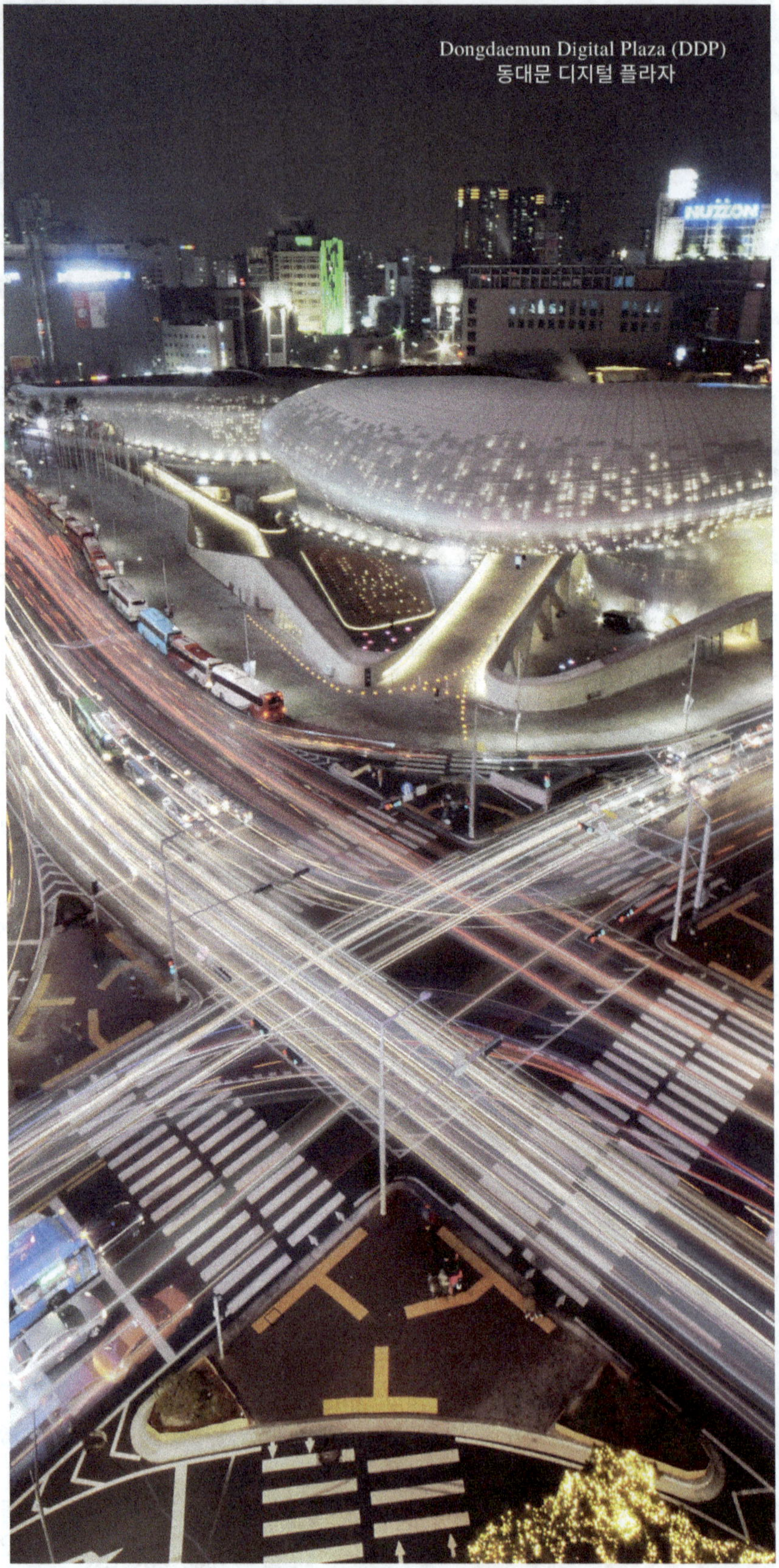

Dongdaemun Digital Plaza (DDP)
동대문 디지털 플라자

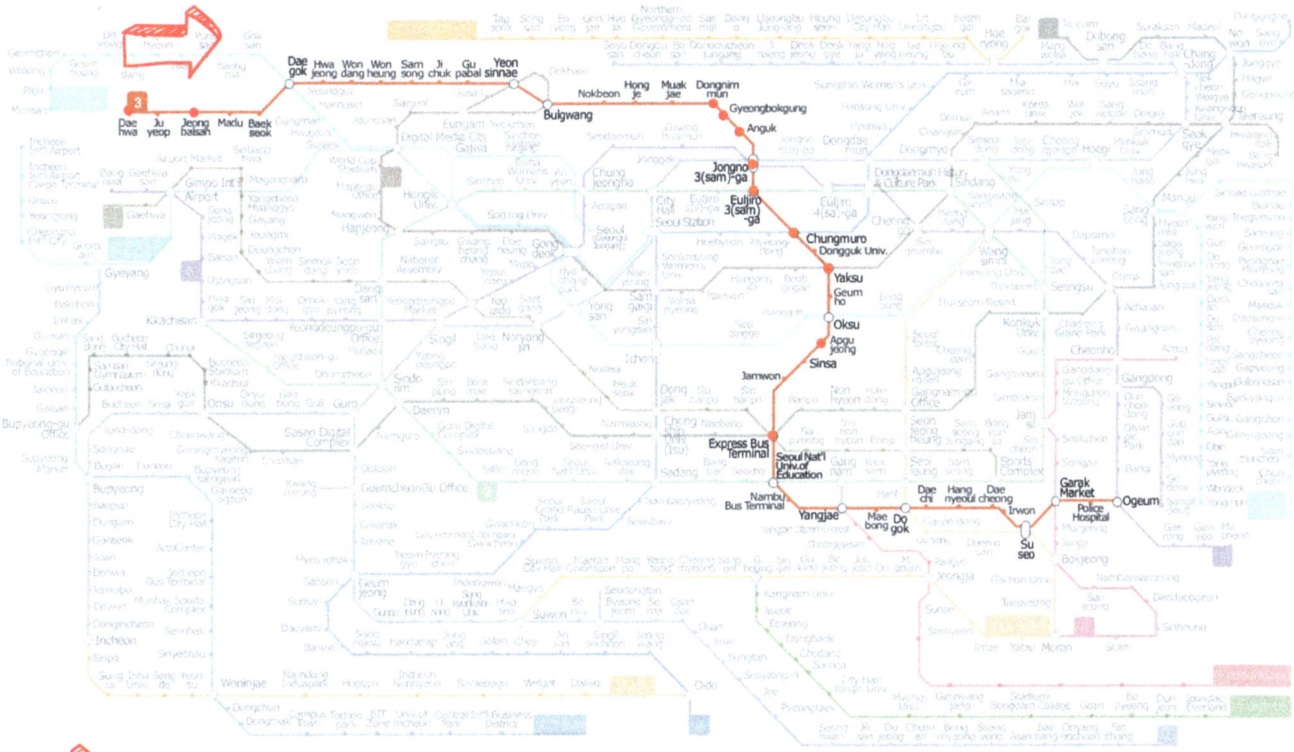

(309) DAEHWA (KINTEX) 대화

- Korea International Exhibition Center (KINTEX) 일산 킨텍스

(311) JEONGBALSAN 정발산

- Ilsan See-Park 일산 호수공원

(326) DONGNIMMUN 독립문

- Seodaemun-Gefängnisses 서대문 형무소
- Dongnimmun-Tor 독립문

- Gyeongbokgung-Palast 경복궁
- Cheongwadae 청와대

(328) ANGUK 안국

- Nationales Volkskundemuseum von Korea 국립민속박물관
- Changdeokgung-Palast 창덕궁
- Changgyeonggung-Palast 창경궁
- Bukchon Hanok-Dorf 북촌 한옥마을
- Samcheongdong-Café-Straße 삼청동 카페 거리
- Insadong Ssamzi Gil (Kunsthandwerk-Einkaufsviertel) 인사동 쌈지길

(329)=(534)=(130) JONGNO 3(SAM)-GA 종로 3가

- Tapgol Park 탑골공원
- Jongmyo-Königsschrein 종묘
- Nagwon Instrumentenhalle 낙원악기상가

(330)=(203) EULJIRO 3(SAM)-GA 을지로 3가

- Youngnak Presbyterianische Kirche 영락교회

(331)=(423) CHUNGMURO 충무로

- Namsangol Hanok-Dorf 남산골 한옥 마을

(332) DONGGUK UNIVERSITY 동대입구

- Jokbal Gasse (Gedämpfte Schweinefüßchen) 장충동 족발 골목

(336) APGUJEONG 압구정

- K-Star Road 케이스타 로드
- Apgujeong Rodeo Straße 압구정 로데오 거리
- Sinsadong Garosu-gil (Straße) 신사동 가로수길

(339)=(734)=(923) EXPRESS BUS TERMINAL 고속터미널

- GOTO Mall (Gangnam Terminal U-Bahn-Einkaufskomplex) 고투몰
- Sevit Seom (Schwebende Insel) 세빛섬
- Central City 센트럴 시티

- **2010 verzeichnete sie den zweithöchsten WLAN-Datenverbrauch in der Metropolregion Seoul.**
- **Anzahl der Stationen: 44**
- **Endstationen: Daehwa / Ogeum**

(309) DAEHWA (KINTEX) 대화

Korea International Exhibition Center (KINTEX) 일산 킨텍스

Das KINTEX ist das größte Messe- und Kongresszentrum in Korea und das viertgrößte in Asien, was die Ausstellungsfläche angeht. Die erste Ausstellungshalle besteht aus einem Untergeschoss und zwei Erdgeschossen und die zweite Ausstellungshalle besteht aus einem Untergeschoss und 15 Erdgeschossen. Es besteht aus verschiedenen Lebensmittel- und Getränkemärkten und Nebeneinrichtungen. Es wird empfohlen, die aktuellen Veranstaltungen auf der Website zu überprüfen und zu besuchen.

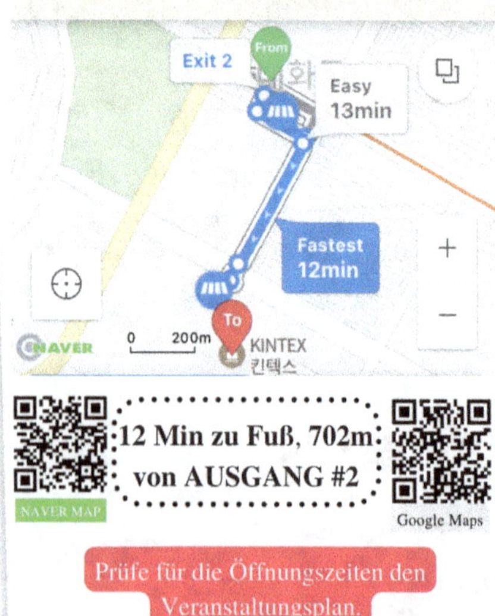

12 Min zu Fuß, 702m von AUSGANG #2

Prüfe für die Öffnungszeiten den Veranstaltungsplan.

www.kintex.com

(311) JEONGBALSAN 정발산

Ilsan See-Park 일산 호수공원

Der Ilsan See-Park ist ein Stadtteilpark, der im Zusammenhang mit dem Ilsan New Town Wohnbauprojekt angelegt wurde. Er ist der größte künstliche See in Korea und bietet Ökosysteme, die für die Stadtbewohner nicht zugänglich sind. Vor allem der 9,1 km lange Wanderweg, darunter der 4,7 km lange Radweg und die Metasequoia Road, die um den See herum führen, bieten einen hohen Erholungswert. Im Park gibt es auch verschiedene ökologische Kultureinrichtungen wie ein ökologisches Naturlernzentrum, skulpturale Kunst und eine Kakteenausstellungshalle. Jedes Jahr finden hier die Goyang International Flower Fair, das Autumn Flower Festival und das Lake Flowerlight Festival statt. Es ist auch ein beliebter Ort für Touristen.

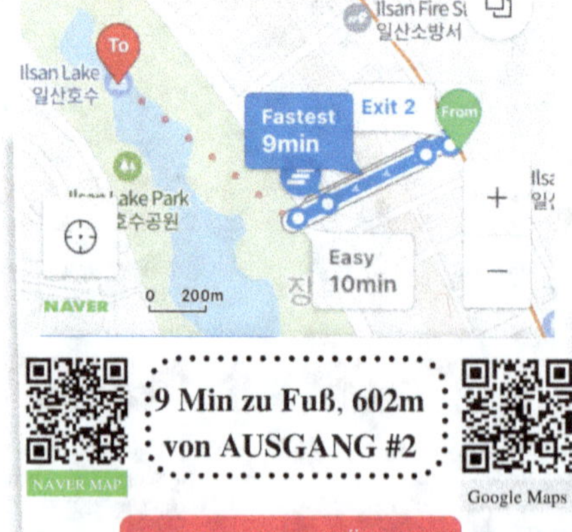

9 Min zu Fuß, 602m von AUSGANG #2

24 STUNDEN GEÖFFNET

www.goyang.go.krpark/index.do

(326) DONGNIMMUN 독립문

Seodaemun-Gefängnisses 서대문 형무소

Das Seodaemun-Gefängnis wurde zum Ende des koreanischen Kaiserreichs unter dem Druck des japanischen Kaiserreichs gebaut und war mehr als 80 Jahre lang ein Ort, an dem sich die Härten und nationalen Ressentiments der modernen und zeitgenössischen Geschichte Koreas tief eingebrannt haben. Vor allem ist es ein Symbol für die Auswirkung der Japaner auf die antijapanische Unabhängigkeitsbewegung.

Die ursprüngliche Form des Seodaemun-Gefängnisses, in dem die Patrioten gegen die japanische Aggression eingesperrt waren, ist erhalten geblieben, sodass es ein hervorragender Ort ist, um die Opfer der koreanischen Patrioten zu ehren und in ihre Fußstapfen zu treten.

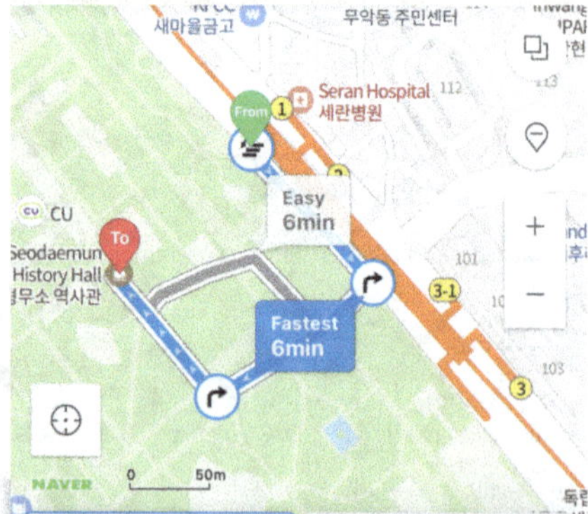

6 Min zu Fuß, 250m von AUSGANG #5

TÄGLICH
Mär - Okt 09:30 - 18:00 Uhr
Nov - Feb 9:30 - 17:00 Uhr
MONTAG GESCHLOSSEN
(Wenn ein nationaler Feiertag auf einen Montag fällt, ist am nächsten Tag geschlossen)

www.sscmc.or.kr

Dongnimmun-Tor
독립문

Seodaemun-gu Hyeonjeo-dong 941
서울 서대문구 현저동 941

Entgegen der allgemeinen Meinung wurde das Tor nicht zum Gedenken an die Unabhängigkeit Koreas von der japanischen Besatzung errichtet. Vielmehr wurde es errichtet, um den Geist der Unabhängigkeit von seinem Status als Tributstaat der Qing-Dynastie zu wecken. Er wurde von Seo Jae-pil entworfen und nach dem Vorbild des Triumphbogens in Paris gestaltet. Er wurde von Afanasy Ivanovich Seredin-Sabatin gebaut, der auch die ehemalige russische Gesandtschaft errichtet hat. Um das Tor herum befindet sich ein wunderschön angelegter Park, der den Stolz Koreas als unabhängiger, souveräner Staat zeigt.

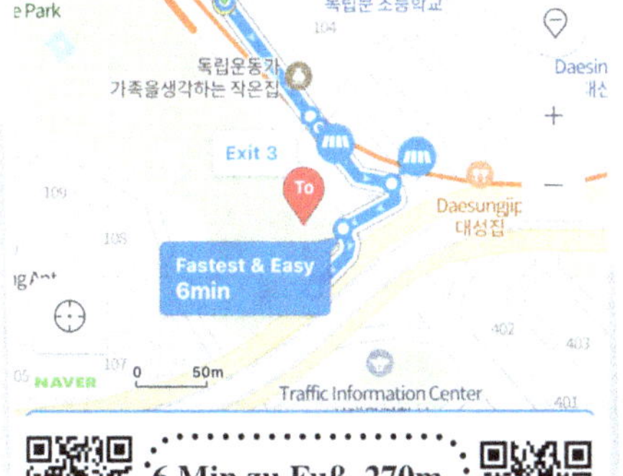

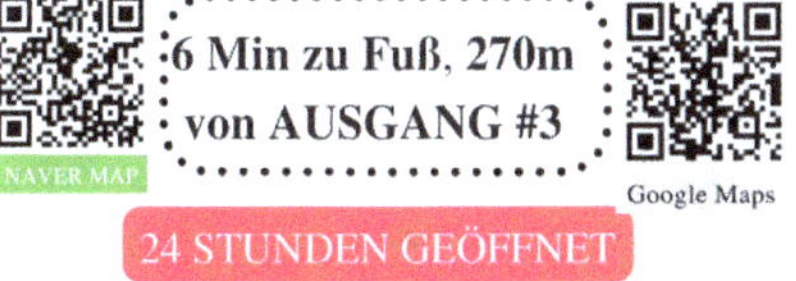

6 Min zu Fuß, 270m von AUSGANG #3

24 STUNDEN GEÖFFNET

Gyeongbokgung-Palast
경복궁

Jongno-gu Sajik-ro 161
서울 종로구 사직로 161

Hier entfaltete sich vor deinen Augen der Höhepunkt der Kunst und Baukunst der Joseon-Dynastie und wird dir definitiv den Atem rauben. Der Gyeongbokgung-Palast wurde 1395 erbaut und ist der größte noch erhaltene Palast der Joseon-Dynastie, der gleichzeitig als der schönste Palast gilt. Aufgrund seiner Lage im nördlichsten Teil Seouls wird er auch als Nordpalast bezeichnet.
Während des Imjin-Krieges gegen Japan wurde er einst durch ein Feuer zerstört, aber später wurden alle Gebäude wieder aufgebaut.

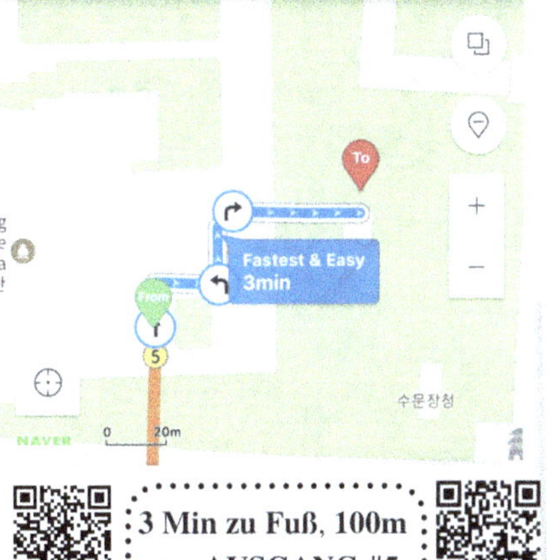

3 Min zu Fuß, 100m von AUSGANG #5

TÄGLICH
9:00 - 18:00 Uhr
(Letzter Einlass 17:00) Uhr
Während Sep - Nov
Nachteinlass 19:00- 21:30 Uhr
(Schaue vor deinem Besuch auf der Homepage nach)
(Wenn ein nationaler Feiertag auf einen Montag fällt, ist am nächsten Tag geschlossen)

www.royalpalace.go.kr

Cheongwadae
청와대

Jongno-gu Cheongwadae-ro 1
서울 종로구 청와대로 1

Wegen seiner charakteristischen blauen Kacheln ist es auch als „Blaues Haus" bekannt. Bis 2022 war es Sitz der Exekutive und offizielle Residenz des südkoreanischen Präsidenten, aber jetzt ist es vollständig für die Öffentlichkeit zugänglich. Es ist ein Gebäudekomplex, der auf dem Gelände des königlichen Gartens der Joseon-Dynastie erbaut wurde und sich über rund 62 Hektar erstreckt. Vor der atemberaubenden Kulisse des Berges Bugaksan ist ein Besuch ein einzigartiges Erlebnis in Korea.
Besuche unbedingt die Homepage, um dich anzumelden und mehr über das Programm zu erfahren. Die Reservierungsseite ist nur auf Koreanisch verfügbar. Möglicherweise musst du die Übersetzungsfunktion deines Browsers nutzen.

24 Min zu Fuß, 1.4km von AUSGANG #3

Besuche die Homepage für die neuesten Informationen.

reserve.opencheongwadae.kr

Die Reservierungsseite ist nur auf Koreanisch verfügbar. Möglicherweise musst du die Übersetzungsfunktion deines Browsers nutzen.

Nationales Volkskundemuseum von Korea 국립민속박물관

Jongno-gu, Samcheong-ro 37
서울 종로구 삼청로 37

Das Museum befindet sich im Gyeongbokgung-Palast und wurde von der US-Regierung gegründet und 1946 eröffnet. Nach dem Zusammenschluss mit dem Nationalmuseum von Korea wurden die 4.555 Artefakte an den Berg Namsan gebracht. 1993 wurde es an seinem heutigen Standort eröffnet. Mit mehr als 98.000 Artefakten veranschaulicht es die Geschichte des traditionellen Lebens der einfachen koreanischen Menschen. Wenn du Gyeongbokgung besuchst, musst du dir unbedingt die Zeit nehmen, dieses einzigartige Museum zu besuchen. Es schafft einen starken Kontrast zwischen dem Leben des königlichen Blutes und dem des einfachen Volkes.

16 Min zu Fuß, 883m
von AUSGANG #1

TÄGLICH 9:00 - 18:00 Uhr
(Letzter Einlass 17:00 Uhr)

www.nfm.go.krhome/index.do

Changdeokgung-Palast 창덕궁

Jongno-gu Yulgok-ro 99
서울 종로구 율곡로 99

UNESCO-WELTERBE - Der Palast, der so viel wie „blühende Tugend" bedeutet, bewahrt viele Elemente aus den Drei Königreichen Koreas und unterscheidet sich im Stil von seinem moderneren Nachbarn, dem Gyeongbokgung-Palast. Er war das beliebteste Bauwerk vieler Prinzen der Joseon-Dynastie, aber nur etwa 30 % der ursprünglichen Gebäude sind heute noch erhalten, da der Rest während der japanischen Besatzung stark beschädigt wurde. Es wird eine geführte Tour angeboten. Informiere dich vor deinem Besuch auf der Homepage. Besuche unbedingt den Hinteren Garten 후원 (Huwon), der mit dem Changgyeonggung Palast verbunden ist. (Der Eintritt kostet 1.000 KRW).

9 Min zu Fuß, 379m
von AUSGANG #3

Feb - Mai / Sep - Okt 09:00 - 18:00 Uhr
Juni - Aug 9:00 - 18:30 Uhr
Nov - Jan 09:00 - 17:30 Uhr
(Letzter Einlass 1 Stunde vor Schließung)
MONTAG GESCHLOSSEN (Wenn ein nationaler Feiertag auf einen Montag fällt, ist am nächsten Tag geschlossen.)

www.cdg.go.kr

Changgyeonggung-Palast 창경궁

Jongno-gu Changgyeonggung-ro 185
서울 종로구 창경궁로 185

Er wurde 1483 als einer der „östlichen Paläste" zusammen mit dem Changdeok-Palast erbaut, weil er östlich des Gyeongbok-Palastes lag. Er wurde von König Sejong für seinen Vater Taejong erbaut. Während der japanischen Besatzung wurden auf dem Gelände des Palastes ein Zoo, ein botanischer Garten und ein Museum errichtet. Dies wurde als Versuch angesehen, den königlichen Status der Dynastie symbolisch zu untergraben. Sie wurden 1984 entfernt. Er ist kleiner als andere Paläste in Seoul, aber die wunderschönen Gärten machen das mehr als wett. Ein Spaziergang durch den Park ist sehr entspannend. *Du kannst am Changdeokgung-Palast beginnen und durch den Hinteren Garten 후원 (Huwon) gehen.

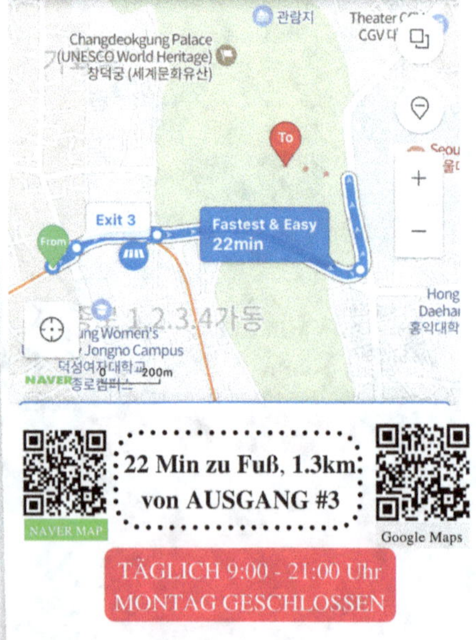

22 Min zu Fuß, 1.3km
von AUSGANG #3

TÄGLICH 9:00 - 21:00 Uhr
MONTAG GESCHLOSSEN

cgg.cha.go.kr

Bukchon Hanok-Dorf
북촌 한옥마을

Jongno-gu, Gahoe-dong 31-48
서울 종로구 가회동 31-48

Es wird auch Yangbanchon („Dorf der Edelleute") genannt, weil die meisten dieser hochherrschaftlichen Häuser während der Joseon-Dynastie von Königen, Aristokraten und Bürokraten bewohnt wurden. Im Jahr 2001 führte die Stadtverwaltung von Seoul das Bukchon Conservation Project durch, um Hanok und die umliegende Landschaft zu verbessern. 2009 wurde es von der UNESCO mit dem Asia-Pacific Heritage Award for Excellence ausgezeichnet. Es ist der Ort, an dem du die Essenz der traditionellen koreanischen Kultur in Seoul spüren kannst, und noch heute leben Menschen in dem Dorf und erhalten es. Von hier aus kannst du den Bukaksan-Berg im Norden und den Namsan-Berg im Süden sehen, von denen du eine hervorragende Aussicht hast. Spaziere durch die labyrinthartigen Gassen und spüre die Schönheit des traditionellen Hanok.

17 Min zu Fuß, 865m von AUSGANG #2

Jeder Laden hat andere Öffnungszeiten, aber die meisten öffnen am Morgen.

bukchon.seoul.go.kr

Samcheongdong-Café-Straße
삼청동 카페 거리

Jongno-gu, Samcheong-ro 102
서울 종로구 삼청로 102

Wenn du zum Gyeongbokgung-Palast in Seoul reist, wird es ein unvergessliches Erlebnis sein, wenn du einen Spaziergang machst und dich auf der Rückseite in der Samcheongdong-gil Straße umsiehst. Die Samcheongdong-gil Straße ist mit ihren Geschäften und Cafés ziemlich elegant und belebt. Die Straßencafés und Geschäfte sind dicht gedrängt, und die Straße ist in Korea einer der beliebtesten Orte für Verabredungen. Du kannst viele Hanok-Gebäude sehen und auch Menschen, die an der Station in die Dorfbusse ein- und aussteigen. Es ist auch eine der beliebtesten Touristenattraktionen bei Ausländern.

19 Min zu Fuß, 1.1km von AUSGANG #2

Jeder Laden hat andere Öffnungszeiten, aber die meisten öffnen am Morgen.

Insadong Ssamzi Gil (Kunsthandwerk-Einkaufsviertel) 인사동 쌈지길

Jongno-gu Insadong-gil 44
서울 종로구 인사동길 44

Hier trifft die Vergangenheit auf die Gegenwart. Es ist einer der beliebtesten Orte für Touristen, um nach Antiquitäten und traditionellen Waren zu suchen. Entlang der Hauptstraße gibt es unzählige Geschäfte, Galerien, traditionelle Restaurants und Teehäuser. Viele der Galerien sind auf traditionelle koreanische Gemälde und Skulpturen spezialisiert. Schon der „Schaufensterbummel" durch die Gassen ist ein unterhaltsames Erlebnis. Einer der besten Orte, um Souvenirs zu kaufen. Es gibt viele tolle Kunstgalerien zu sehen. Nach Sonnenuntergang ist allerdings nicht mehr viel los.

9 Min zu Fuß, 304m von AUSGANG #6

TÄGLICH 10:30 - 20:30 Uhr
Geschlossen auf Seollal und Chuseok

Tapgol Park
탑골공원

5 Min zu Fuß, 338m von AUSGANG #1

Jongmyo-Königsschrein
종묘

3 Min zu Fuß, 299m von AUSGANG #11

Nagwon Instrumentenhalle
낙원악기상가

2 Min zu Fuß, 146m von AUSGANG #5

Diese Orte wurden bereits auf den vorherigen Seiten vorgestellt.

Youngnak Presbyterianische Kirche
영락교회

8 Min zu Fuß, 324m von AUSGANG #6

Dieser Ort wurde bereits auf den vorherigen Seiten vorgestellt.

Namsangol Hanok-Dorf
남산골 한옥 마을

Jung-gu, Toegye-ro 34-gil 28
서울 중구 퇴계로34길 28

Hier befand sich eine bekannter Rückzugsort aus der Joseon-Ära, der als eine der 5 schönsten Gegenden von Seoul galt. Er besteht aus einem traditionellen koreanischen Garten mit einem fließenden Bach und einem Pavillon, der das Gefühl der Vergangenheit wieder aufleben lässt. Es gibt 5 restaurierte traditionelle koreanische Häuser (Hanok), einen Pavillon und einen Teich.

Es gibt viele Aktivitäten wie Neolttwigi (Wippspringen), Tuho (Pfeilwerfen) und Yutnori (traditionelles Brettspiel). Du kannst kostenlos an ihnen teilnehmen. An den Wochenenden findet in der Bak Yeong Hyo-Residenz eine Nachstellung der traditionellen Hochzeitszeremonie statt. Insgesamt ist es eine Sammlung traditioneller Architektur, die einen Einblick in die koreanische Kultur gibt.

6 Min zu Fuß, 306m von AUSGANG #4

Google Maps

**TÄGLICH 9:00 - 21:00 Uhr
MONTAG GESCHLOSSEN**

www.hanokmaeul.or.kr

Jokbal Gasse (Gedämpfte Schweinefüßchen) 장충동 족발 골목

Jung-gu, Jangchungdan-ro 174
서울 중구 장충단로 174

Ähnlich wie Zampone (italienisch), Crubeens (irisch), Pied de cochon (französisch) ist Jokbal die koreanische Interpretation von Schweinefüßen, die mit Sojasauce und Gewürzen gekocht werden. Es ist das Lieblingsessen der Koreaner, das sie mit Soju kombinieren. Es ist auch bei Mädchen beliebt, weil es reich an Kollagen ist, das die Hautstruktur verbessern soll. Bei Männern ist es beliebt, weil es als wirksames Mittel gegen einen Kater bekannt ist. Die ganze Gasse ist voll mit Restaurants, die Jokbal-Gerichte servieren.

3 Min zu Fuß, 172m
von AUSGANG #2

Jeder Laden hat andere Öffnungszeiten, aber die meisten öffnen am Morgen.

43

K-Star Road
케이스타 로드

Gangnam-gu, Apgujeong-ro 394
서울 강남구 압구정동 394

Es ist nicht übertrieben zu sagen, dass Gangnam, das mit Psys „Gangnam Style" weltweite Aufmerksamkeit erregte, der Ursprung der Hallyu-Kultur ist. Gangnam war eine trendführende Region in Korea, in der sich mehr als die Hälfte der koreanischen Unterhaltungsagenturen befinden und viele Hallyu-Stars geboren wurden. Um daran zu erinnern, wurde in Cheongdam-dong die K-Star Road neu gebaut. Entlang der Straße triffst du auf eine Reihe von Gangnam Dols, ein Kofferwort aus „Gangnam" und „Idol" und „Puppe", denn es gibt 17 menschengroße bärenförmige Statuen mit den symbolischen Bildern der Stars von BTS, Super Junior, EXO und Girls' Generation. Wenn du weitergehst, kommst du auch an dem Bereich vorbei, in dem K-Pop-Unterhaltungsagenturen wie JYP Entertainment und Cube Entertainment untergebracht sind.

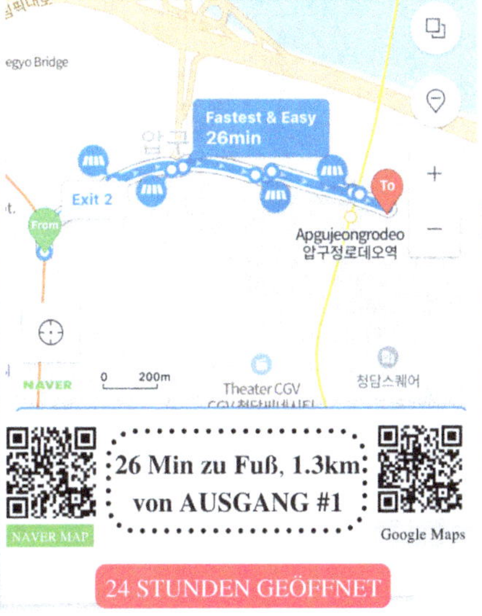

26 Min zu Fuß, 1.3km
von AUSGANG #1

24 STUNDEN GEÖFFNET

Apgujeong Rodeo Straße
압구정 로데오 거리

Gangnam-gu, Apgujeong-ro 46-gil 30
서울 강남구 압구정로 46길 30

In den frühen 90er Jahren war sie das Zentrum der Mode und der Tummelplatz für die junge Generation, die sich von der Ordnung und den Werten der älteren Generation lösen wollte. Früher war sie berühmt für die Kinder reicher Familien, die importierte Autos fuhren und hochwertige Markenkleidung trugen, ähnlich wie die Beverly Hills Rodeo Street, aber jetzt hat sie sich zu einem Ort entwickelt, der verschiedene Jugendkulturen und Hightech-Trends repräsentiert. Hier findest du Geschäfte für Luxusmarken, Bekleidungsgeschäfte mit Eigenmarken und Schuhgeschäfte. Auch Geschäfte für Dermatologie, plastische Chirurgie und Haarpflege gibt es in Hülle und Fülle. Außerdem gibt es hier viele Restaurants und Attraktionen, die sich durch Mundpropaganda unter jungen Menschen verbreitet haben, so dass es viele Möglichkeiten gibt, deinen Gaumen zu verwöhnen.

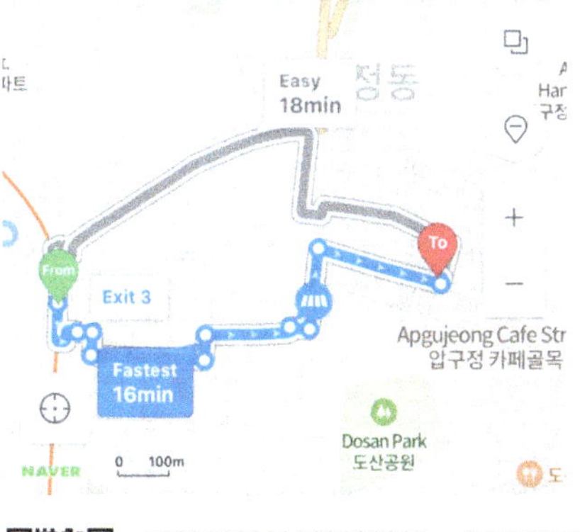

16 Min zu Fuß, 838m
von AUSGANG #2

Jeder Laden hat seine eigenen Öffnungszeiten.

Sinsadong Garosu-gil (Straße)
신사동 가로수길

Gangnam-gu, Apgujeong-ro 126
서울 강남구 압구정로 126

Garosu-gil ist in den letzten Jahren das angesagteste Viertel in Seoul gewesen. Früher gab es hier vor allem Galerien und Designerläden. Früher kamen eine Filmfirma nach der anderen und auch Gemäldehändler. Daher gibt es viele alte Geschäfte zwischen den Gassen. Natürlich sind jetzt verschiedene Mode-Straßengeschäfte der Trend. Wenn du beim Spazierengehen einen Lieblingsladen hast, kannst du hineingehen und dich eine Weile umsehen. Du kannst auch hübsche Cafés und Restaurants finden.

12 Min zu Fuß, 553m von AUSGANG #5

Jeder Laden hat seine eigenen Öffnungszeiten.

GOTO Mall (Gangnam Terminal U-Bahn-Einkaufskomplex)
고투몰

Seocho-gu, Shinbanpo-ro 200
서울 서초구 신반포로 200

Die GOTO Mall ist Gangnams größtes unterirdisches Einkaufszentrum und befindet sich im Untergeschoss des Gangnam Express Bus Terminal. Es verkauft eine Vielzahl von Artikeln, die Kaufhäuser übertreffen, wie Kleidung, Kosmetik, Accessoires, Einrichtungsgegenstände, Kunsthandwerk und Blumen. Rund um die Gangnam Express Terminal Station befinden sich kulturelle Einrichtungen und Unterkünfte wie das Shinsegae Department Store, die Shinsegae Central City, das JW Marriott Hotel und das Seoul Arts Center. Shoppen ist bei jedem Wetter möglich und die U-Bahn ist gut angebunden, so dass man sich überall hinbewegen kann.

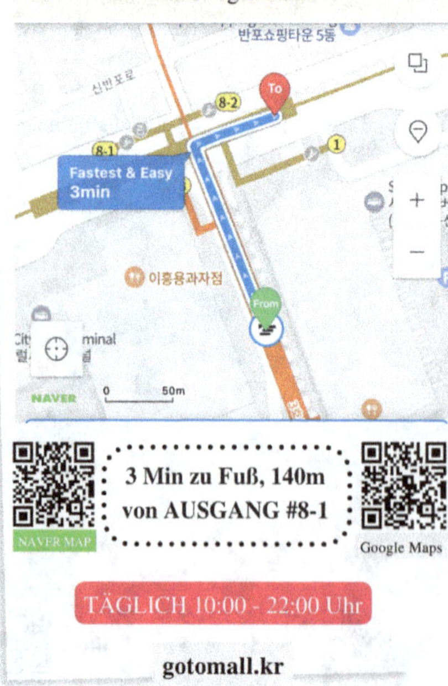

3 Min zu Fuß, 140m von AUSGANG #8-1

TÄGLICH 10:00 - 22:00 Uhr

gotomall.kr

Sevit Seom (Schwebende Insel)
세빛섬

Seocho-gu, Ollimpik-daero 2085-14
서울 서초구 올림픽대로 2085-14

Sevit Seom (Schwebende Insel), die den Fluss Han wunderschön beleuchtet, besteht aus insgesamt vier künstlichen Inseln mit Hochzeitstempeln, italienischen Restaurants, Buffets und Cafés und wird als Platz für Yachten, Schlauchboote und verschiedene Ausstellungen, Aufführungen und Veranstaltungen genutzt. Mit seiner fantastischen Aussicht bei Nacht, bei der bunte und schöne LED-Lichter mit dem Fluss Han harmonieren, ist er einer der meistbesuchten Orte Seouls bei Nacht und ein Drehort für verschiedene Dramen und Filme. Vergiss nicht, an den verschiedenen „Fotospots" Fotos zu machen, z. B. auf den FIC-Conventions, auf den Außendecks und auf den Dachobservatorien.

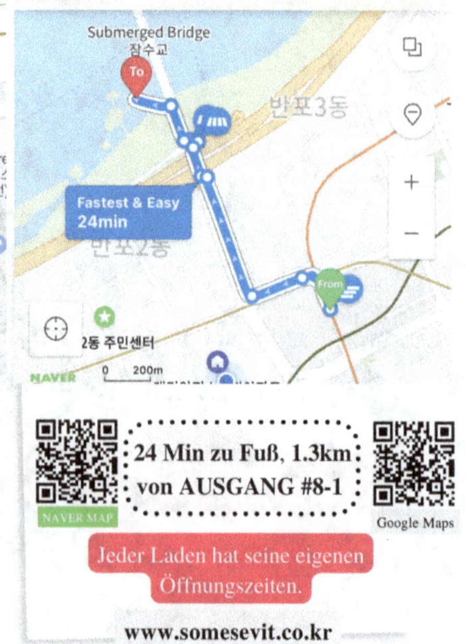

24 Min zu Fuß, 1.3km von AUSGANG #8-1

Jeder Laden hat seine eigenen Öffnungszeiten.

www.somesevit.co.kr

(339)=(734)=(923) EXPRESS BUS TERMINAL 고속터미널

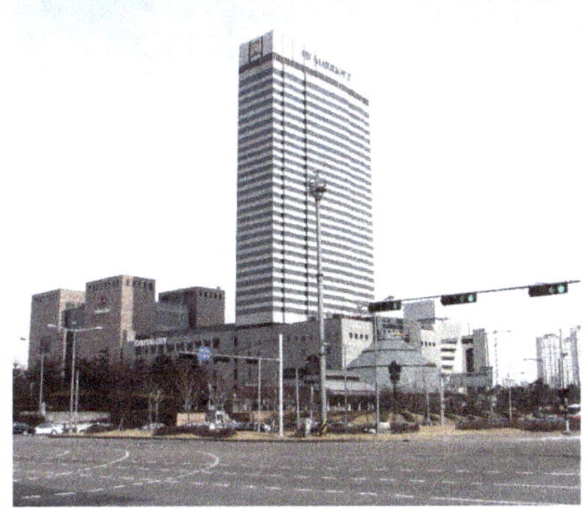

Central City
센트럴 시티

Seocho-gu, Shinbanpo-ro 176
서울 서초구 신반포로 176

Es ist ein Megakomplex mit dem JW Marriot Hotel, dem Express-Busbahnhof, den U-Bahn-Linien Nr. 3, 7, 9, dem Kaufhaus Shinsegae, dem Megabox-Kino, einem Buchladen und der Famille Station mit zahlreichen Restaurants. Es ist einer der belebtesten Orte in Seoul, aber das bedeutet auch, dass es hier eine Menge zu unternehmen und zu sehen gibt. Die Geschäfte im Untergrund sind die beste Adresse, um günstige Angebote und Schnäppchen zu finden.

NAVER MAP

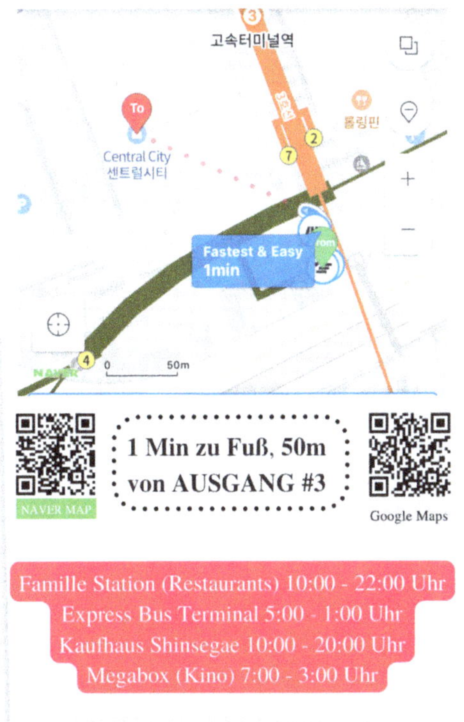

1 Min zu Fuß, 50m von AUSGANG #3

Google Maps

Famille Station (Restaurants) 10:00 - 22:00 Uhr
Express Bus Terminal 5:00 - 1:00 Uhr
Kaufhaus Shinsegae 10:00 - 20:00 Uhr
Megabox (Kino) 7:00 - 3:00 Uhr

www.shinsegaecentralcity.com

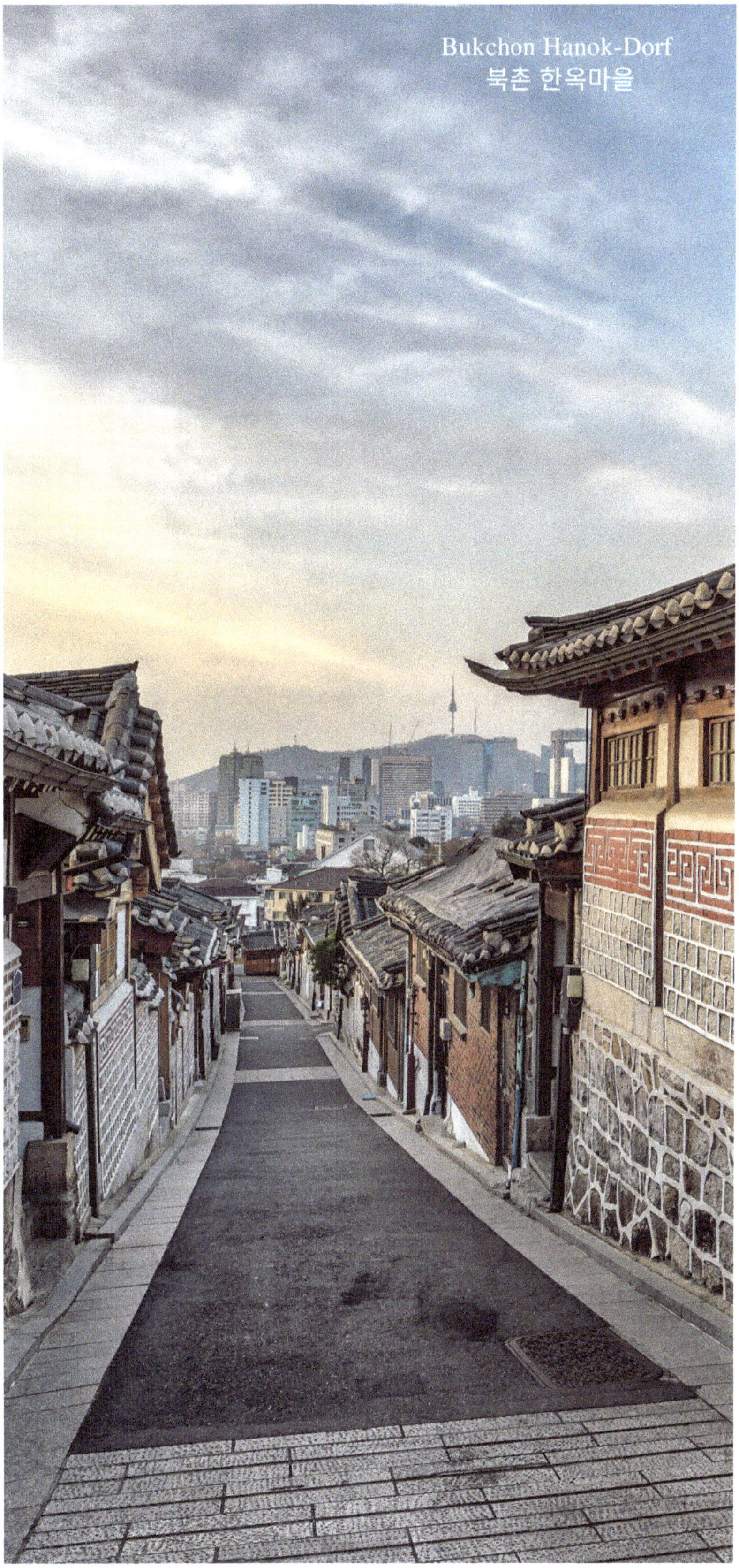

LINIE #4 사호선 sa-ho-seon

4

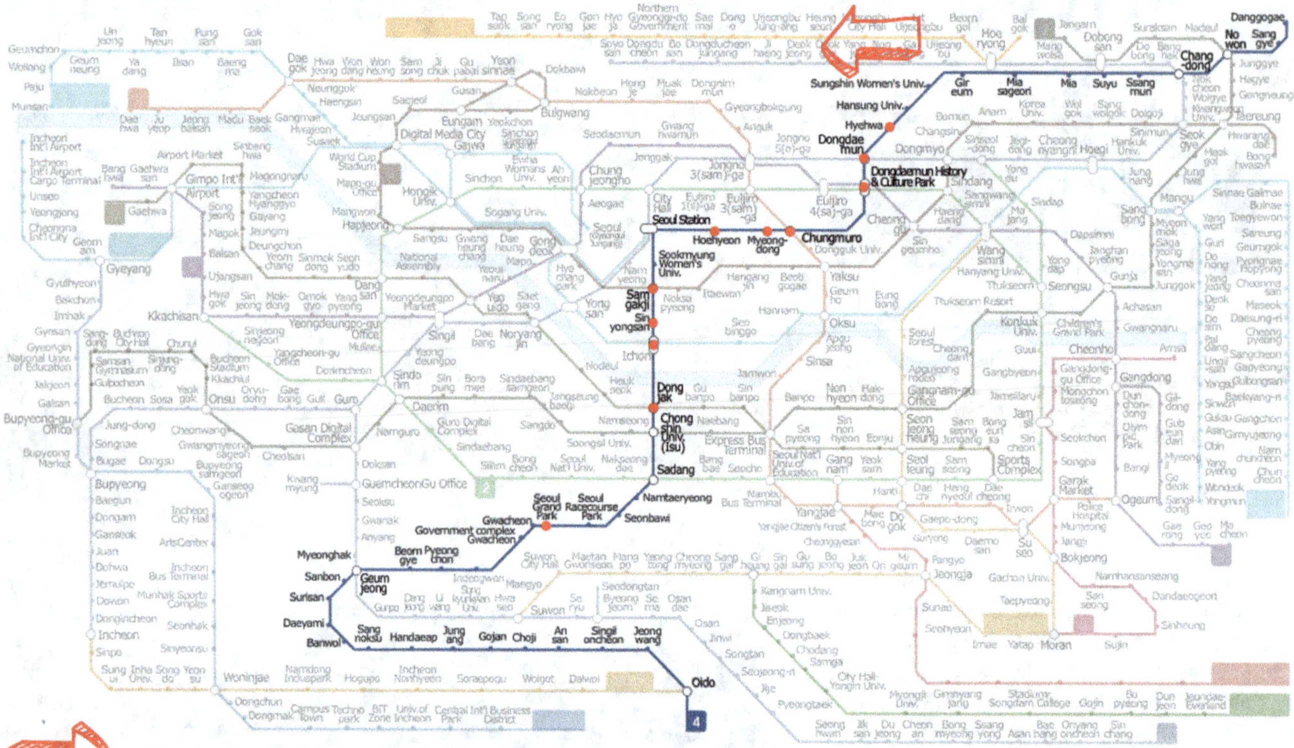

(420) HYEHWA 혜화

- Marronnier-Park
  마로니에공원

(421)=(128) DONGDAEMUN 동대문

- Heunginjimun Park 흥인지문 공원
- Dongdaemun/Heunginjimun-Tor 동대문/흥인지문
- Cheonggyecheon 청계천

(423)=(331) CHUNGMURO 충무로

- Namsangol Hanok-Dorf
  남산골 한옥 마을

(424) MYEONGDONG 명동

- Myeongdong 명동
- Katholische Kathedrale Myeongdong
  명동 성당
- Namsan Seoul Tower Seilbahn Fahrkartenverkaufsstand
  남산 서울타워 케이블카 매표소

(425) HOEHYEON 회현

- Namdaemun-Markt 남대문 시장
- Namdaemun-Tor 남대문

(428)=(628) SAMGAKJI 삼각지

- Kriegsdenkmal 전쟁기념관

(429) SINYONGSAN 신용산

- Amore Pacific Museum of Art
  아모레퍼시픽미술관

(430) ICHON 이촌

- Das National Museum of Korea 국립중앙박물관

(431)=(920) DONGJAK 동작

- Nationalfriedhof 국립 서울 현충원

(437) GROSSER PARK VON SEOUL 대공원

- Großer Park von Seoul 서울대공원

- **Diese Linie verbindet den Norden und Süden Seouls**
- **Anzahl der Stationen: 48**
- **Endstationen: Danggogae / Oido**

Marronnier-Park
마로니에공원

Jongno-gu Daehak-ro 104
서울 종로구 대학로 104

In der Daehangno (Universität) Straße gelegen, ist er immer voller Energie und Inspiration. An den Wochenenden kann es hier ziemlich voll werden. Benannt nach dem symbolträchtigen Marronnier-Baum (Rosskastanie), beherbergt er eine Vielzahl von kulturellen Veranstaltungszentren, Ausstellungen und Kunstzentren unter freiem Himmel (daher auch der Name „Mekka des Theaterspiels"), die sich alle 1975 zu entwickeln begannen, als die Seoul National University von diesem Ort wegzog. Seitdem haben sich kleine Theater und Cafés angesiedelt, die den Platz zu einem beliebten Ort für Treffen und Entspannung machen. Bands, Sängerinnen und Sänger, Tanzgruppen und Komödianten zeigen hier ihre Talente.

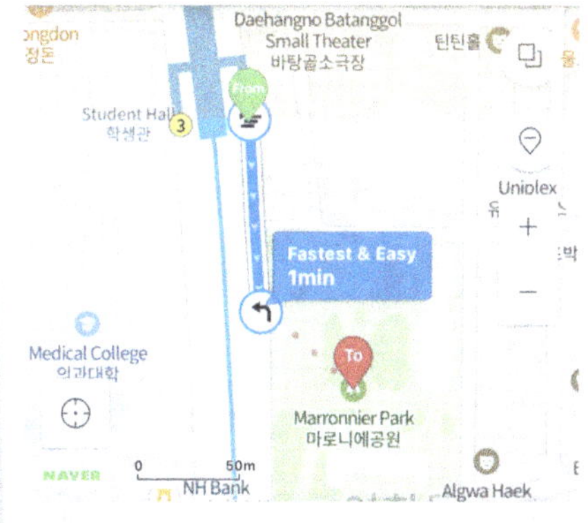

1 Min zu Fuß, 93m von AUSGANG #2

Google Maps

24 STUNDEN GEÖFFNET

Heunginjimun Park
흥인지문 공원

4 Min zu Fuß, 235m von AUSGANG #1

Dongdaemun/Heunginjimun-Tor
동대문/흥인지문

4 Min zu Fuß, 235m von AUSGANG #1

Cheonggyecheon
청계천

3 Min zu Fuß, 155m von AUSGANG #6

Dieser Ort wurde bereits auf den vorherigen Seiten vorgestellt.

Namsangol Hanok-Dorf
남산골 한옥 마을

6 Min zu Fuß, 306m von AUSGANG #4

Dieser Ort wurde bereits auf den vorherigen Seiten vorgestellt.

Myeongdong
명동

Jung-gu, Myeongdong 8-gil 52
서울 중구 명동8길 52

Myeongdong, das jeden Tag etwa 2 Millionen Menschen anzieht, gilt als das „Touristenziel Nr. 1 in Korea" und kann wahrhaftig als „Shopper's Paradise" bezeichnet werden. Hier findest du eine Vielzahl von Artikeln, die nur schwer zu finden sind, von High-End-Marken über Kosmetik bis hin zu Souvenirs. Deshalb ist es für ausländische Reisende, die Seoul besuchen, längst zu einem Muss geworden. Die meisten Geschäfte haben fremdsprachiges Personal. Ein Tag reicht vielleicht nicht aus, um sich in den Einkaufsstraßen von Myeongdong umzusehen, in denen es große Einkaufszentren, Hochhauskaufhäuser, Restaurants und Cafés sowie Straßenverkäufer gibt. Deshalb besuchen viele Einkäufer diesen Ort mehr als einmal. Tagsüber ist der Verkehr auf Touristen und Fußgänger beschränkt, sodass du dich in aller Ruhe umsehen kannst.

Ein ebenso gutes Einkaufszentrum wie Myeongdong befindet sich im nahegelegenen Dongdaemun, also besuche es am besten auch.

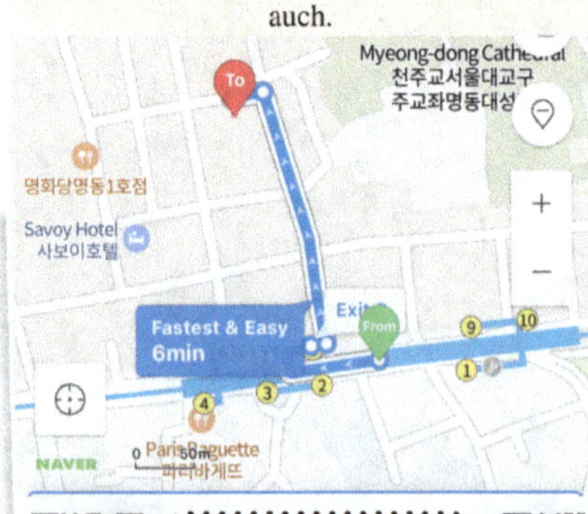

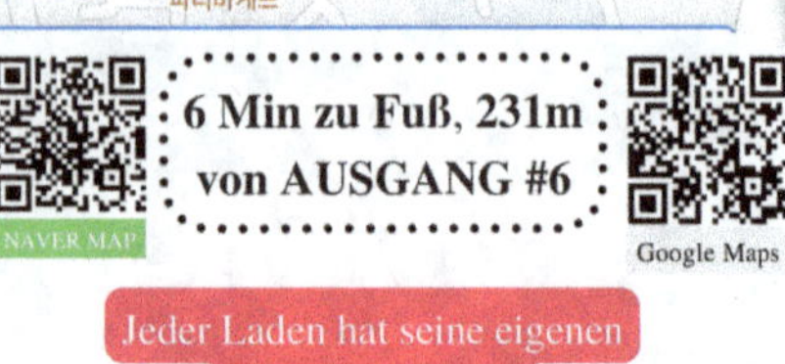

6 Min zu Fuß, 231m von AUSGANG #6

Jeder Laden hat seine eigenen Öffnungszeiten.

Katholische Kathedrale Myeongdong
명동 성당

Jung-gu, Myeongdong-gil 74
서울 중구 명동길 74

Die Kathedrale befindet sich in der Innenstadt von Seoul und ist die Geburtsstätte der römisch-katholischen Kirche in Korea. Das Hauptgebäude ist 23 m hoch, und der Kirchturm ragt bis zu 45 m in die Höhe. Mit der feierlichen Grundsteinlegung durch Kaiser Gojong wurde sie 1892 aus 20 verschiedenen Arten von roten und grauen Ziegeln errichtet, die vor Ort gebrannt wurden. Der Bau kostete rund 60.000 EUR, die von der Pariser Gesellschaft für Auslandsmissionen unterstützt wurden. Jeden Sonntag um 9 Uhr findet eine englische Messe statt.

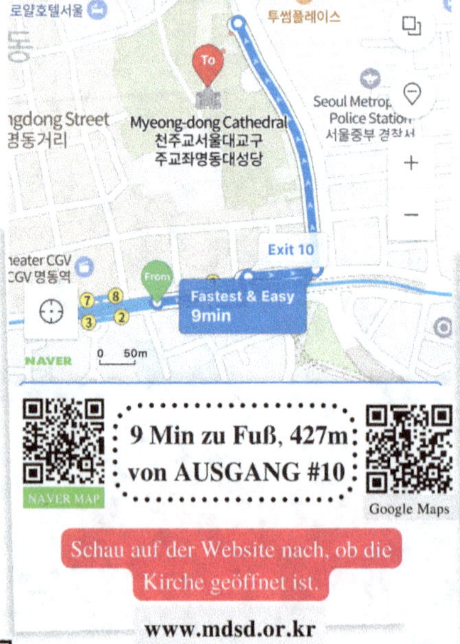

9 Min zu Fuß, 427m von AUSGANG #10

Schau auf der Website nach, ob die Kirche geöffnet ist.

www.mdsd.or.kr

Namsan Seoul Tower Seilbahn Fahrkartenverkaufsstand
남산 서울타워 케이블카 매표소

Jung-gu, Sopa-ro 83
서울 중구 소파로 83

Er hat sich als „Romantische Insel" im Stadtzentrum etabliert. Der 236,7 m hohe Turm befindet sich auf dem Gipfel des Namsan-Bergs (262 m), der seit langem als Ort für ewige Romantik bekannt ist. Er bietet die beste Aussicht auf Seoul aus 480 m Höhe. Er ist ein Symbol für Seoul, das von Ausländern als Touristenattraktion Nr. 1 gewählt wurde und ein „heiliger Ort" für Paare auf der ganzen Welt ist, die von ewiger Liebe träumen. Die „Love Locks" und die „Heart Chairs" für Paare sind sehr beliebt. Außerdem solltest du dir unbedingt die höchste Toilette Seouls ansehen, die sich im zweiten Stock des Observatoriums befindet.

13 Min zu Fuß, 509m von AUSGANG #3

TÄGLICH 10:00 - 23:00 Uhr

www.cablecar.co.kr

Namdaemun-Markt
남대문 시장

Jung-gu, Namdaemunshijang 4-gil 21
서울 중구 남대문시장4길 21

Er ist der größte traditionelle Markt in Korea und ein riesiger Verkaufsraum, der täglich von 500.000 Menschen besucht wird. Er spielt seit der Mitte der Joseon-Dynastie die Rolle des Stadtzentrums und hat wie seine lange Geschichte eine große Auswahl an Produkten. An Orten wie Queen Plaza und Jangti Moa findest du alle Arten von Kleidung für Erwachsene. Die Kinderbekleidungsgeschäfte sind so groß, dass sie 80 % des nationalen Kinderbekleidungsmarktes abdecken. Darüber hinaus gibt es Geschäfte, die Küchengeräte, landwirtschaftliche und maritime Produkte, Waren des täglichen Bedarfs und importierte Produkte verkaufen. Die meisten der hier gehandelten Produkte werden von Händlern hergestellt, produziert und verkauft. Berühmt sind auch die Restaurants in den Gassen, die mit der Geschichte des Marktes einhergehen, wobei das berühmteste Menü geschmorter Kuttelfisch ist. Es gibt viel zu sehen, zu essen und zu genießen.

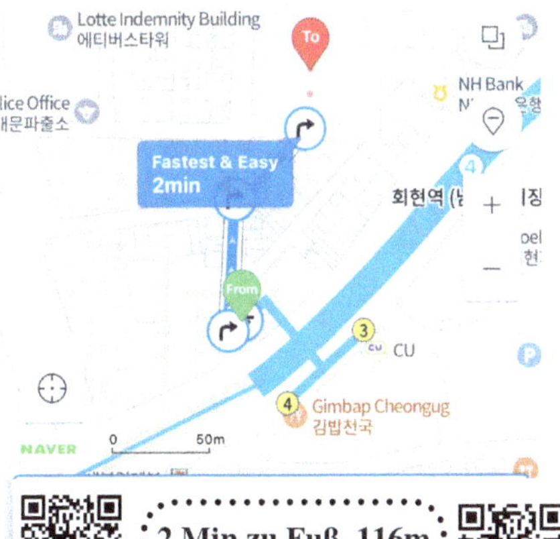

2 Min zu Fuß, 116m von AUSGANG #5

Jeder Laden hat seine eigenen Öffnungszeiten.

www.namdaemunmarket.co.kr

Namdaemun-Tor
남대문

Jung-gu, Sejong-daero 40
서울 중구 세종대로 40

Offiziell als Sungnyemun bekannt, ist es Koreas Nationalschatz Nr. 1 und eines der 8 Tore der Festungsmauer aus der Joseon-Dynastie, die die Stadt Seoul umgab. Es wurde erstmals im letzten Jahr von König Taejo im Jahr 1398 erbaut und 1447 wieder aufgebaut. Der auffälligste Unterschied dieses Tors ist die Tafel, auf der sein Name senkrecht geschrieben steht, während er bei anderen Toren waagerecht steht. Das hölzerne Pagodentor an der Spitze wurde 2008 durch ein Feuer zerstört und 2013 restauriert. Es ist ein majestätisches Tor mitten in Seoul, das einen kurzen Zwischenstopp wert ist, vor allem, wenn du in der Marktgegend Myeong-dong oder Namdaemun bist.

10 Min zu Fuß, 363m von AUSGANG #5

24 STUNDEN GEÖFFNET

Kriegsdenkmal
전쟁기념관

Yongsan-gu, Itaewon-ro 29
서울 용산구 이태원로 29

Es wurde 1994 von der War Memorial Service Korea Society errichtet, um der gefallenen Helden des Koreakrieges (1950–1953) zu gedenken. Das große Museum beherbergt mehr als 33.000 Artefakte, von denen etwa 10.000 in den fünf Hallen im Innen- und Außenbereich ausgestellt sind: Expeditionary Forces Room, Patriotic Memorial Room, War History Room, 6.25 Korean War Room, Development Hall und Large Machinery Room. Es ist ein hervorragend durchdachtes, riesiges Museum mit erstaunlichen Ausstellungen, die das tragischste und bedeutendste Kapitel der koreanischen Geschichte rekonstruieren. Und das alles kostenlos.

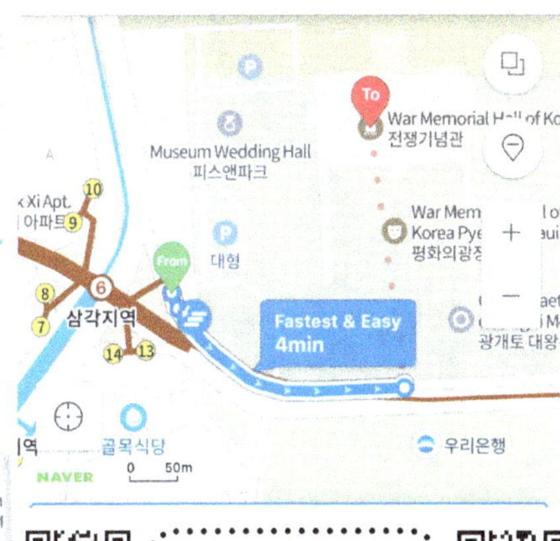

4 Min zu Fuß, 262m von AUSGANG #12

TÄGLICH 9:30 - 18:00 Uhr
MONTAG GESCHLOSSEN (Wenn ein nationaler Feiertag auf einen Montag fällt, ist am nächsten Tag geschlossen)

www.warmemo.or.kr

Amore Pacific Museum of Art
아모레퍼시픽미술관

Yongsan-gu Hangang-daero 100
서울 용산구 한강대로 100

Das Amore Pacific Museum of Art ist ein neu eröffnetes Kunstmuseum am neuen Hauptsitz von Amore Pacific in Yongsan, das ein „offener Raum zur Entdeckung der Schönheit im Alltag" und zur Kommunikation mit der Öffentlichkeit werden soll. Im Ausstellungsraum im ersten Untergeschoss finden verschiedene geplante Ausstellungen statt, die sowohl antike als auch zeitgenössische und koreanische Kunst umfassen. Im ersten Stock des geräumigen „Atriums", das sich vom ersten bis zum dritten Stockwerk über dem Boden erstreckt, befinden sich eine Kunstmuseumslobby, ein Museumsshop, ein Ausstellungsraum „APMA-Kabinett" und eine Ausstellungsbibliothek (apLAP).

2 Min zu Fuß, 84m
von AUSGANG #2

TÄGLICH 10:00 - 18:00 Uhr
(Letzter Einlass 17:30 Uhr)
MONTAG GESCHLOSSEN

apma.amorepacific.com

Das National Museum of Korea
국립중앙박물관

Yongsan-gu, Seobinggo-ro 137
서울 용산구 서빙고로 137

Das National Museum of Korea, in dem die Essenz der koreanischen Geschichte und Kultur lebt, ist die beliebteste Schatzkammer Koreas. Mit Ausstellungen und Bildungsangeboten erzählt es die Geschichte von 420.000 Sammlungen aus Tausenden von Jahren, von einfachen Faustkeilen aus der Altsteinzeit bis hin zu den farbenfrohen Goldkronen aus der Zeit der Drei Reiche, Celadon aus der Goryeo-Dynastie, Gemälden aus der Joseon-Dynastie, modernen Fotografien und Weltkulturzentren. Es bietet realistische digitale Videos und VR-Erlebnisse für ein noch lebendigeres Erlebnis. Ein Tag im National Museum of Korea ist ein ganz besonderes Erlebnis.

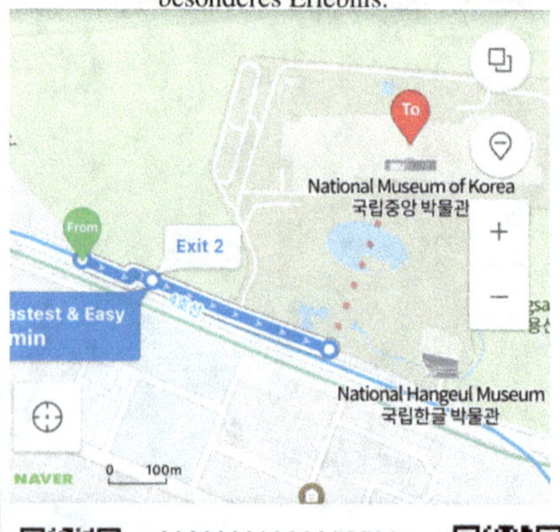

3 Min zu Fuß, 308m
von AUSGANG #2

M/T/DO/F/SO - 10:00 - 18:00 Uhr
(Letzter Einlass 17:30 Uhr)
W/SA - 10:00 - 21:00 Uhr
(Letzter Einlass 20:30 Uhr)

www.museum.go.kr

Nationalfriedhof
국립 서울 현충원

Dongjak-gu Hyeonchung-ro 210
서울 동작구 현충로 210

Während des Koreakriegs starben 104.000 Soldaten, doch wurden viele ihrer Leichen nie gefunden, ebenso wie die Überreste von etwa 7.000 unbekannten Soldaten, deren Leichen gefunden wurden. Die sterblichen Überreste von mehr als 54.000 gefallenen Patrioten wurden auf den Gräberfeldern beigesetzt, die in verschiedene Abschnitte unterteilt sind: Gräber von Soldaten, Polizisten, verdienstvollen Bürgern und Schlüsselfiguren der provisorischen Regierung. Jedes Jahr am 6. Juni (Memorial Day) finden auf dem Seoul National Cemetery Gedenkgottesdienste und Veranstaltungen statt, um diese tapferen Patrioten zu ehren. Es ist ein tadellos gepflegter Friedhof mit einer beeindruckenden Landschaft. Er eignet sich nicht nur für eine Geschichtsstunde, sondern auch für einen gemütlichen Spaziergang. Am 6. Juni, dem koreanischen Gedenktag, ist er extrem voll.

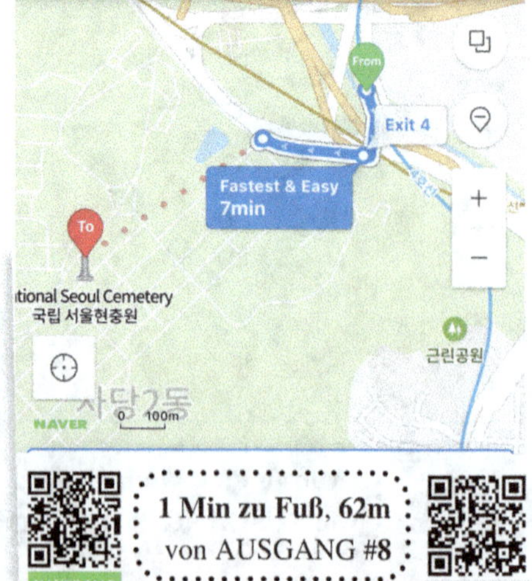

1 Min zu Fuß, 62m
von AUSGANG #8

TÄGLICH 6:00 - 18:00 Uhr

www.snmb.mil.kr

(437) GROSSER PARK VON SEOUL 대공원

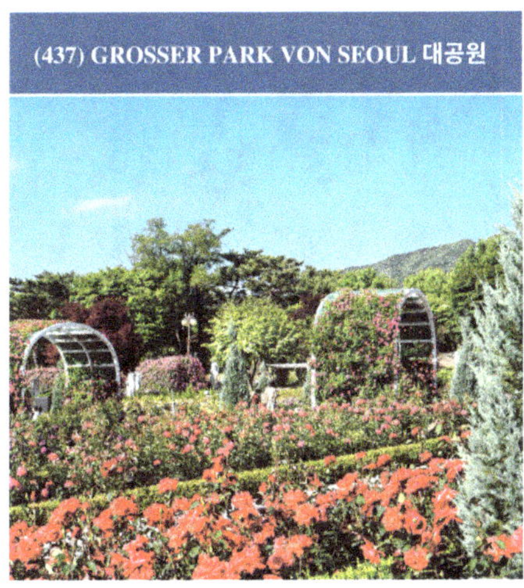

Großer Park von Seoul
서울대공원

Gwacheon-si Daegongwongwangjang-ro 102
경기 과천시 대공원광장로 102

Er ist der erste Zoo Koreas und wurde 1909 von den japanischen Besatzern inmitten des ehemaligen Königspalastes Changgyeonggung errichtet. Im Jahr 1984 wurde er an seinen heutigen Standort verlegt. Heute beherbergt er fast 3.000 Tiere und 350 Arten aus der ganzen Welt und ist damit der zehntgrößte der Welt. Zu den Einrichtungen gehören Hügel, Wanderwege, der Seoul Grand Park Zoo, der Kinderzoo, der Rosengarten, der Seoul Land Museum Park und das Seoul Museum of Modern Art. Nimm auf jeden Fall bequeme Schuhe mit, denn du könntest den ganzen Tag brauchen, um den Ort zu erkunden.

NAVER MAP

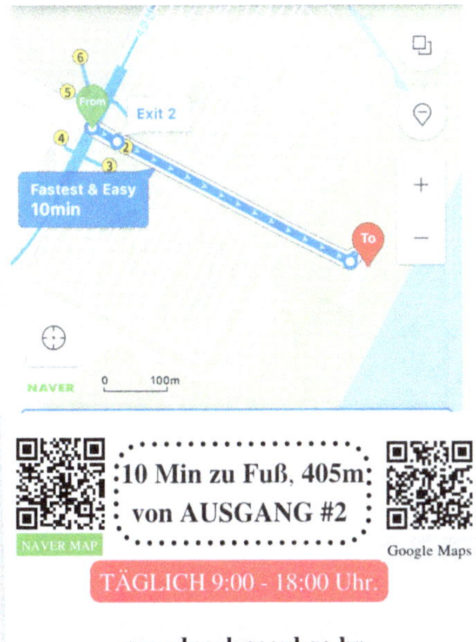

10 Min zu Fuß, 405m von AUSGANG #2

Google Maps

TÄGLICH 9:00 - 18:00 Uhr.

grandpark.seoul.go.kr

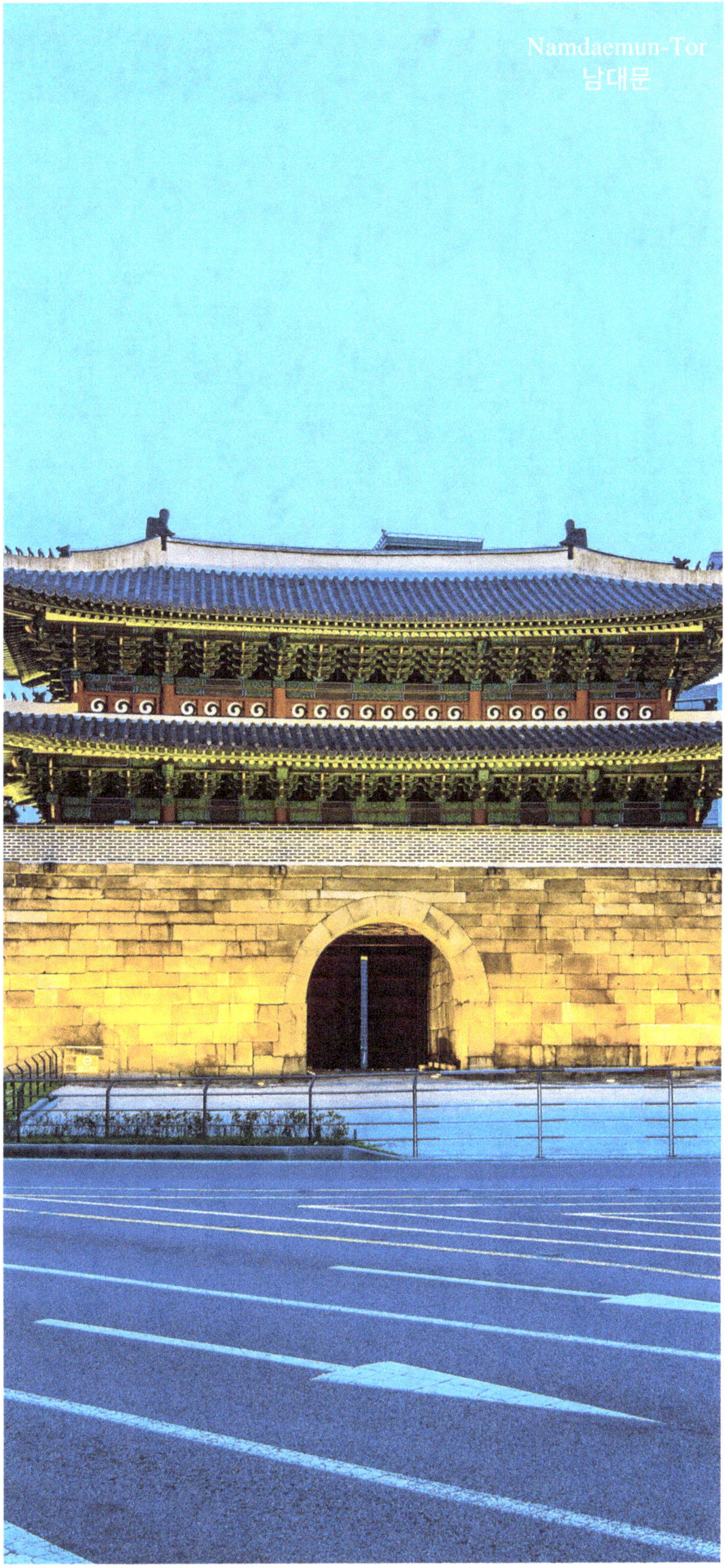

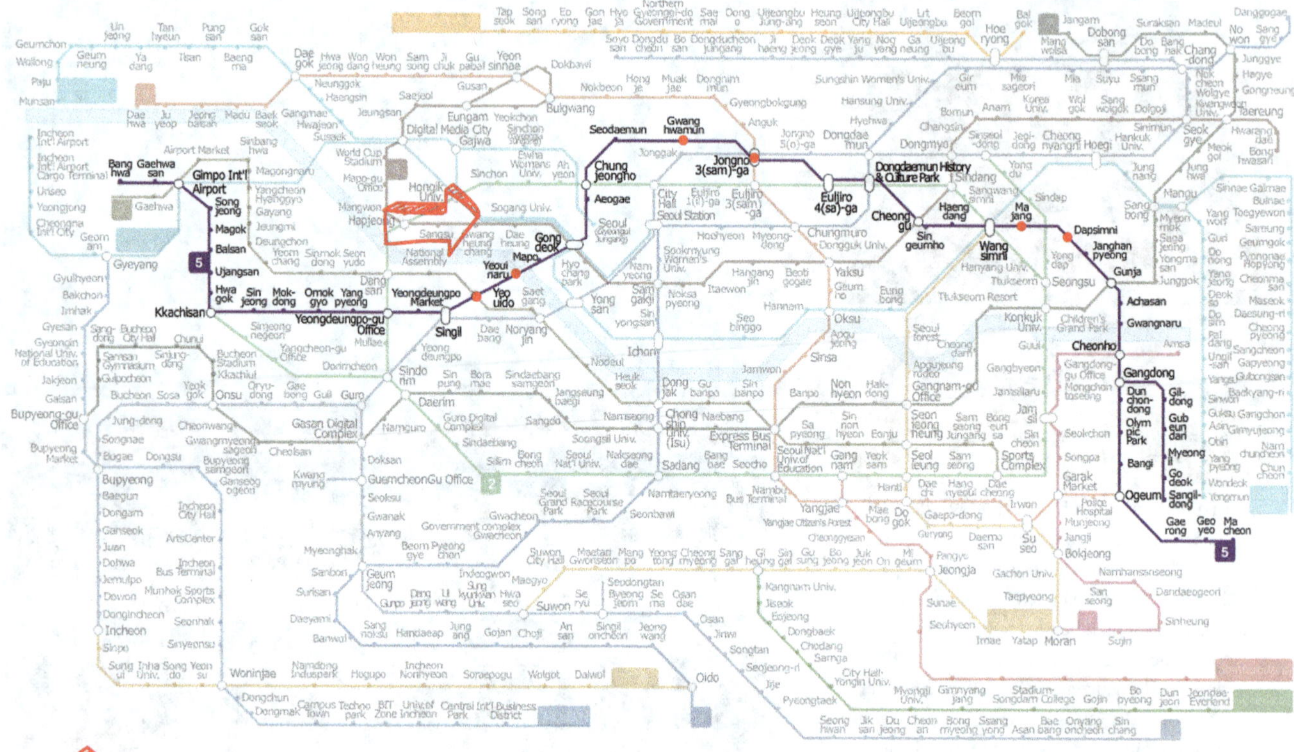

(525)=(915) YEOUIDO 여의도

- IFC Mall IFC 몰
- Yeouido Park 여의도공원

(527) YEOUINARU 여의나루

- 63 Square 63 스퀘어

(533) GWANGHWAMUN 광화문

- Gwanghwamun-Platz 광화문광장
- Mugyodong Nakji (Oktopus) 무교동 낙지
- History Museum of Seoul 서울역사박물관
- Sejong Zentrum für darstellende Künste 세종문화회관

(534)=(329)=(130) JONGNO 3(SAM)-GA 종로3가

- Tapgol Park 탑골공원
- Jongmyo-Königsschrein 종묘
- Nagwon Instrumentenhalle 낙원악기상가

(541) MAJANG 마장

- Majangdong Fleischstraße 마장동 고기 골목

(542) DAPSIMNI 답십리

- Dapsimni Antike Kunststraße 답십리 고미술 상가

- **Dies ist eine lange Linie, die vom Westen in den Osten Seouls führt und den Fluss Han überquert.**
- **Drittlängster U-Bahn-Tunnel der Welt (52,3 km)**
- **Anzahl der Stationen: 51**
- **Endstationen: Banghwa Sangil-dong / Macheon**

IFC Mall
IFC 몰

Yeongdeungpo-gu Gukjegeumyung-ro 10
서울 영등포구 국제금융로 10

Es ist ein 17 m hohes Gebäude mit Glaspavillons, das den Anspruch erhebt, ein „völlig neues Einkaufszentrum mit internationalem Standard" zu sein, in dem du moderne und geräumige Gänge mit viel natürlichem Licht genießen kannst. Hier gibt es viele globale Modemarken wie GAP, Guess, Giordano, H&M, Hollister und Lacoste, aber auch lokale Marken. Außerdem gibt es hier eine große Auswahl an Restaurants und Unterhaltungsmöglichkeiten. Es ist ein modernes und futuristisches Einkaufszentrum, das einen Besuch wert ist. Der Komplex ist mit dem Conrad Hotel verbunden.

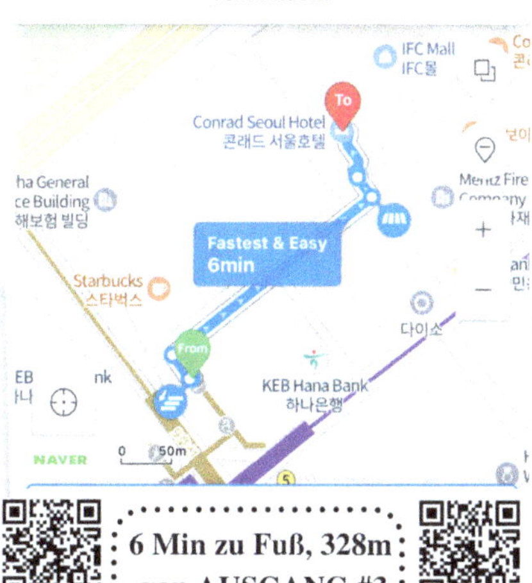

6 Min zu Fuß, 328m
von AUSGANG #3

Google Maps

TÄGLICH 10:00 ~ 22:00 Uhr

ifcmallseoul.com

Yeouido Park
여의도공원

Yeongdeungpo-gu Yeouigongwon-ro 68
서울 영등포구 여의공원로 68

Es ist ein riesiger Freizeitpark im Zentrum von Seoul, der ursprünglich ein asphaltierter Platz war, der von Rollschuhläufern und Radfahrern frequentiert wurde. Nach seinem Bau im Jahr 1997, der zwei Jahre dauerte, wurde er schließlich 1999 eröffnet und wurde zum Lieblingsplatz der Seouler. Er ist bekannt für die wunderschönen Kirschblüten im Frühling und die jährliche Feuerwerksshow im Oktober. Es ist ein wunderschöner Park am Flussufer. Am besten kommst du mit leerem Magen, denn es gibt unendlich viele Restaurants zur Auswahl. Während der Kirschblütenzeit kann es hier sehr voll werden.

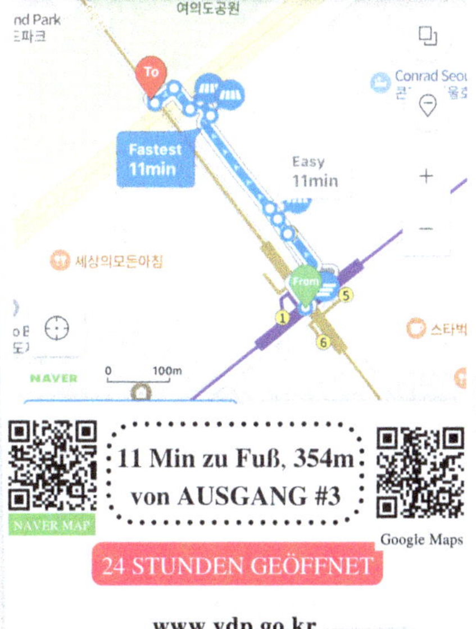

11 Min zu Fuß, 354m
von AUSGANG #3

Google Maps

24 STUNDEN GEÖFFNET

www.ydp.go.kr

63 Square
63 스퀘어

Yeongdeungpo-gu 63-ro 50
서울 영등포구 63로 50

Mit einer Höhe von 250 m ist es das höchste mit Gold verkleidete Bauwerk der Welt und war bis 2003 das höchste Gebäude in Korea. Es wurde als Wahrzeichen für die Olympischen Sommerspiele 1988 in Seoul gebaut. Es bietet einen herrlichen Blick auf den Fluss Han und die Berge. Zu seinen Einrichtungen gehören Restaurants, eine Kunstgalerie, ein Einkaufszentrum und ein Aquarium. Wenn du etwas Geld für eine romantische Verabredung ausgeben kannst, ist dies der richtige Ort dafür. Es gibt sogar einen Aufzug, der speziell für Paare gedacht ist und in dem du eine exklusive 80-sekündige Fahrt machen kannst (als Teil eines speziellen Pakets, das du kaufst).

17 Min zu Fuß, 1.1km
von AUSGANG #4

Google Maps

TÄGLICH
Aquarium 10:00 - 19:00 Uhr
(Letzter Einlass 18:30 Uhr)
Kunstausstellungshalle 10:00 - 20:30 Uhr
(Letzter Einlass 20:00 Uhr)

www.63art.co.kr

Gwanghwamun-Platz
광화문광장

Jongno-gu, Sejong-daero 175
서울 종로구 세종대로 175

Während der Joseon-Dynastie war das Gwanghwamun-Tor das Haupttor des Gyeongbokgung-Palastes. Im Jahr 2009 wurde hier ein riesiger Platz gebaut, der bis zum Cheonggye-Platz reicht und zu einer Attraktion für Einheimische und ausländische Touristen geworden ist. Du kannst hier riesige Statuen der beliebtesten historischen Persönlichkeiten Koreas sehen. Die Statue von König Sejong, dem Erfinder von Hangul, bildet das Zentrum des Platzes. Auch die Statue von Admiral Yi Sun-shin, der das Land vor der japanischen Aggression gerettet hat, ist bei den Bürgern sehr beliebt. Hier findest du auch das Fabelwesen Haechi, das das Symbol der Stadt ist. Künstliche Teiche und Springbrunnen kühlen die Bürger im Sommer ab. Hinter der Statue von König Sejong befindet sich ein Eingang zur Ausstellungshalle im unterirdischen Raum, die an das Leben des Königs und die Geschichte von Admiral Yi Suin Sin erinnert.

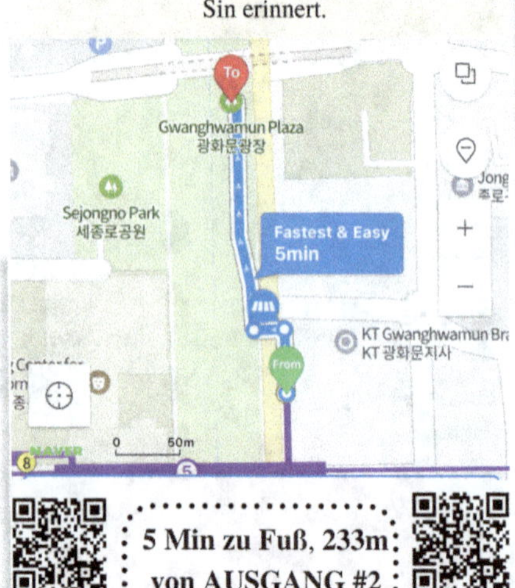

4 Min zu Fuß, 233m
von AUSGANG #2

Google Maps

24 STUNDEN GEÖFFNET

gwanghwamun.seoul.go.kr/main.do

Mugyodong Nakji (Oktopus)
무교동 낙지

Jongno-gu, Jongro-3-gil 30
서울 종로구 종로3길 30

Das ist gehackter Baby-Oktopus, der in Gochujang (scharfe Chilisauce) mariniert und mit Gemüse wie Zwiebeln, Frühlingszwiebeln, Kohl und Karotten gebraten wird. Er ist vor allem für seine Schärfe berüchtigt, die von der Gochujang-Soße herrührt, aber seine ernährungsphysiologischen Vorteile wiegen das völlig auf. Es wird in der Regel gleichermaßen gemocht und abgelehnt, aber wenn du ein Fan von scharfem Essen bist, solltest du es unbedingt probieren (und weinen).

4 Min zu Fuß, 290m
von AUSGANG #3

Google Maps

TÄGLICH 10:00 - 22:00 Uhr

History Museum of Seoul
서울역사박물관

Jongno-gu, Saemunan-ro 55
서울 종로구 새문안로 55

Im Jahr 2002 wurde das Seoul History Museum auf dem Gelände des Gyeonghui-Palastes eröffnet, um die Geschichte und Kultur Seouls von der Vorgeschichte bis zur Neuzeit zu zeigen. Der Raum und die Ausstellung bestehen aus einem offenen System, das im Hof abseits der bestehenden Räume zentriert ist und erlebnisorientiert ist. Es gibt eine Touch Museum Corner, in der du Videoinformationen zu den Relikten sehen kannst, während du sie anfasst. Die Ausstellungen tragen dazu bei, Seoul zu verstehen, indem sie die Geschichte und die traditionelle Kultur Seouls vermitteln und zeigen. Das Museum ist zu einem kulturellen Zentrum Seouls geworden und bietet den Bürgern Seouls und ausländischen Besuchern die Möglichkeit, die Kultur Seouls zu erleben.

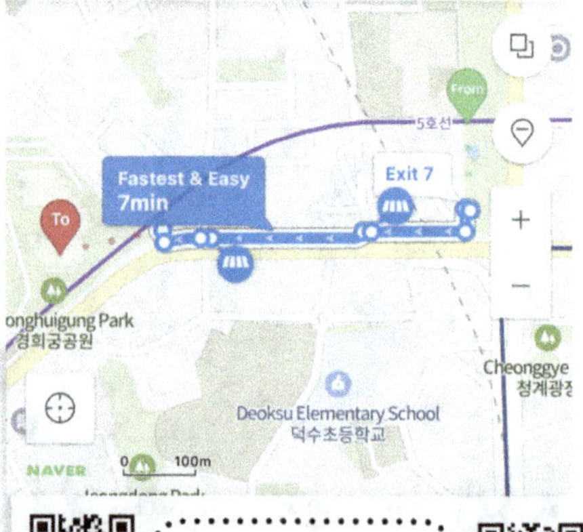

7 Min zu Fuß, 461m
von AUSGANG #7

Google Maps

TÄGLICH 9:00 - 18:00 Uhr
MONTAG GESCHLOSSEN (Wenn ein nationaler Feiertag auf einen Montag fällt, ist am nächsten Tag geschlossen).

museum.seoul.go.kr/eng/index.do

Sejong Zentrum für darstellende Künste
세종문화회관

Jongno-gu, Sejong-daero 175
서울 종로구 세종대로 175

Es wurde von der Stadtregierung von Seoul gegründet und ist eine repräsentative kulturelle und künstlerische Einrichtung in Seoul. Es war das Tor zur koreanischen darstellenden Kunst und der einzige Kanal für internationale darstellende Kunst. Es wurde als einer der weltweit führenden Veranstaltungsorte für darstellende Kunst anerkannt und diente in den 70er und 80er Jahren als Wiege der koreanischen bildenden Kunst. Nach dem Umbau des Sejong Grand Theaters wurden die Sejong Chamber Hall, das Sejong M Theater, das Art Building Extension, das Sejong Art Museum und das Sejong S Theater umgestaltet und dienen mit verschiedenen kulturellen Veranstaltungen als kulturelles und künstlerisches Zentrum Seouls. Besuche die Homepage für Veranstaltungsinformationen.

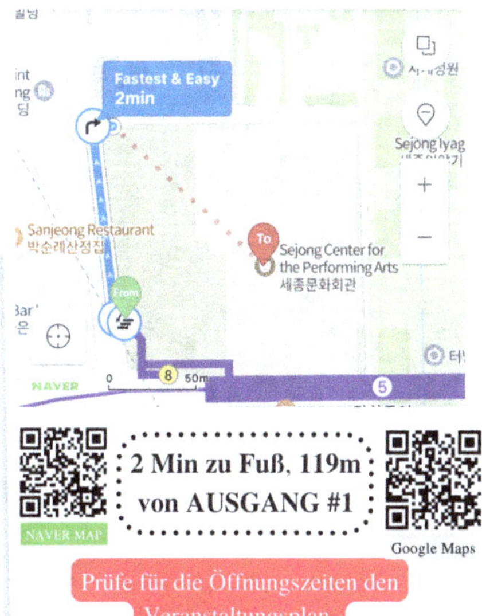

2 Min zu Fuß, 119m von AUSGANG #1

Google Maps

NAVER MAP

Prüfe für die Öffnungszeiten den Veranstaltungsplan.

www.sejongpac.or.kr

---

(534)(=329)=(130) JONGNO 3(SAM)-GA 종로3가

Tapgol Park
탑골공원

5 Min zu Fuß, 338m von AUSGANG #1

Jongmyo-Königsschrein
종묘

3 Min zu Fuß, 299m von AUSGANG #11

Nagwon Instrumentenhalle
낙원악기상가

2 Min zu Fuß, 146m von AUSGANG #5

Diese Orte wurden bereits auf den vorherigen Seiten vorgestellt.

Majangdong Fleischstraße
마장동 고기 골목

Seongdong-gu, Majang-ro 35-gil 68
서울 성동구 마장로35길 68

Ausgestattet mit modernen und sauberen Einrichtungen, ist dies der größte Fleischmarkt in Korea. Du kannst hier jede Stunde frisches Fleisch kaufen. Es kommt aus vielen verschiedenen Teilen Koreas und aus Übersee. Hochwertiges Fleisch bekommst du in der Regel bis zu 30 % günstiger als im Supermarkt. Viele der Läden haben auch einen angeschlossenen Essbereich, in dem du frisches Fleisch direkt vor Ort genießen kannst. Du kannst frisches koreanisches Rindfleisch zu einem reduzierten Preis bekommen. Erwarte aber kein schickes koreanisches BBQ-Restaurant.

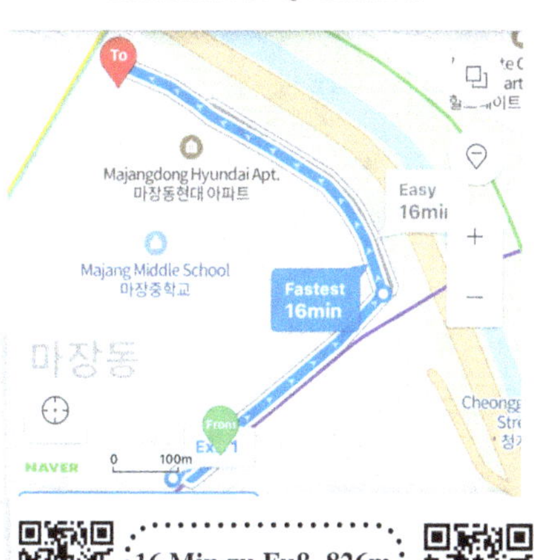

16 Min zu Fuß, 826m von AUSGANG #2

Google Maps

NAVER MAP

Jeder Laden hat andere Öffnungszeiten, aber die meisten öffnen am Morgen.

(542) DAPSIMNI 답십리

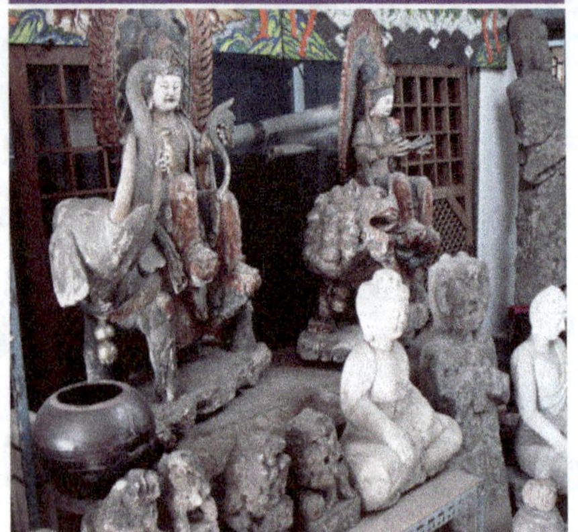

Dapsimni Antike Kunststraße
답십리 고미술 상가

Dongdaemun-gu, Gomisul-ro 39
서울 동대문구 고미술로 39

Die Straßen sind voller Antiquitäten, von Steinstatuen, die zwei- bis dreimal so groß sind wie ein Mensch, bis hin zu handtellergroßen Ornamenten. Es gibt auch verschiedene andere Gegenstände, von ziemlich großen alten Möbeln, Türgriffen und Buddha-Statuen bis hin zu Haushaltswaren wie Tintensteinen, Mühlsteinen, Öfen und Messingschüsseln. Wenn du einen Laden betrittst, wird die Dichte noch größer. Du kannst auch antike Accessoires wie traditionelle koreanische Zierhaarnadeln finden. In letzter Zeit hat der Anteil an antiken Produkten aus China und Südostasien zugenommen. Auch westliche Antiquitäten sind häufig zu sehen. Die Preise reichen von einigen tausend Won bis zu mehreren Millionen KRW.

NAVER MAP

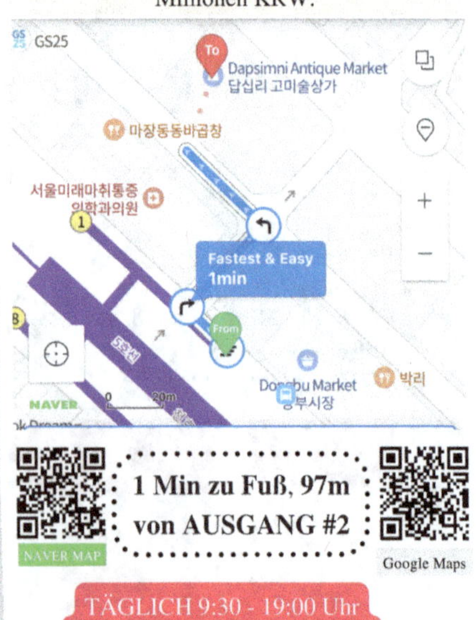

1 Min zu Fuß, 97m von AUSGANG #2

Google Maps

TÄGLICH 9:30 - 19:00 Uhr
SONNTAG GESCHLOSSEN

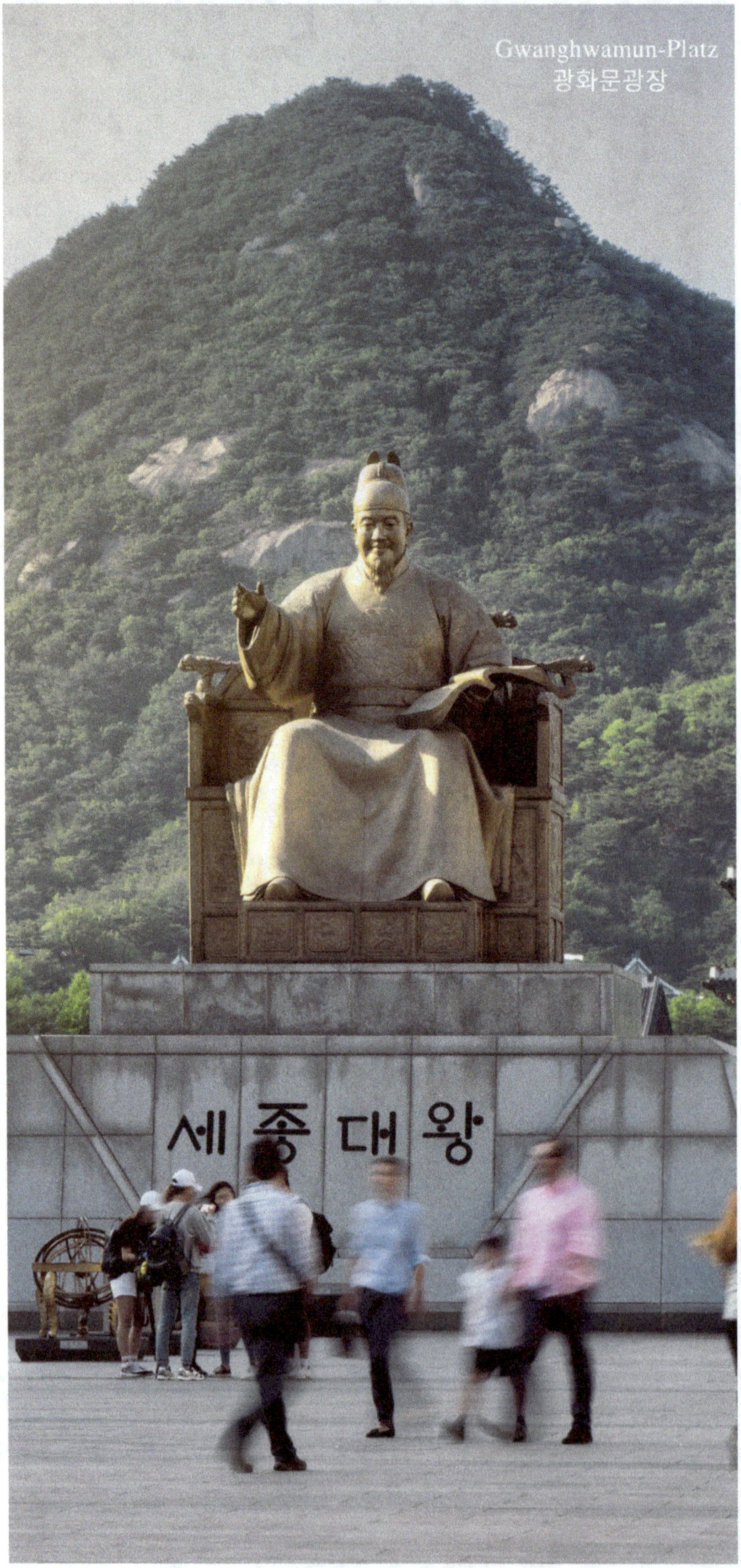

Gwanghwamun-Platz
광화문광장

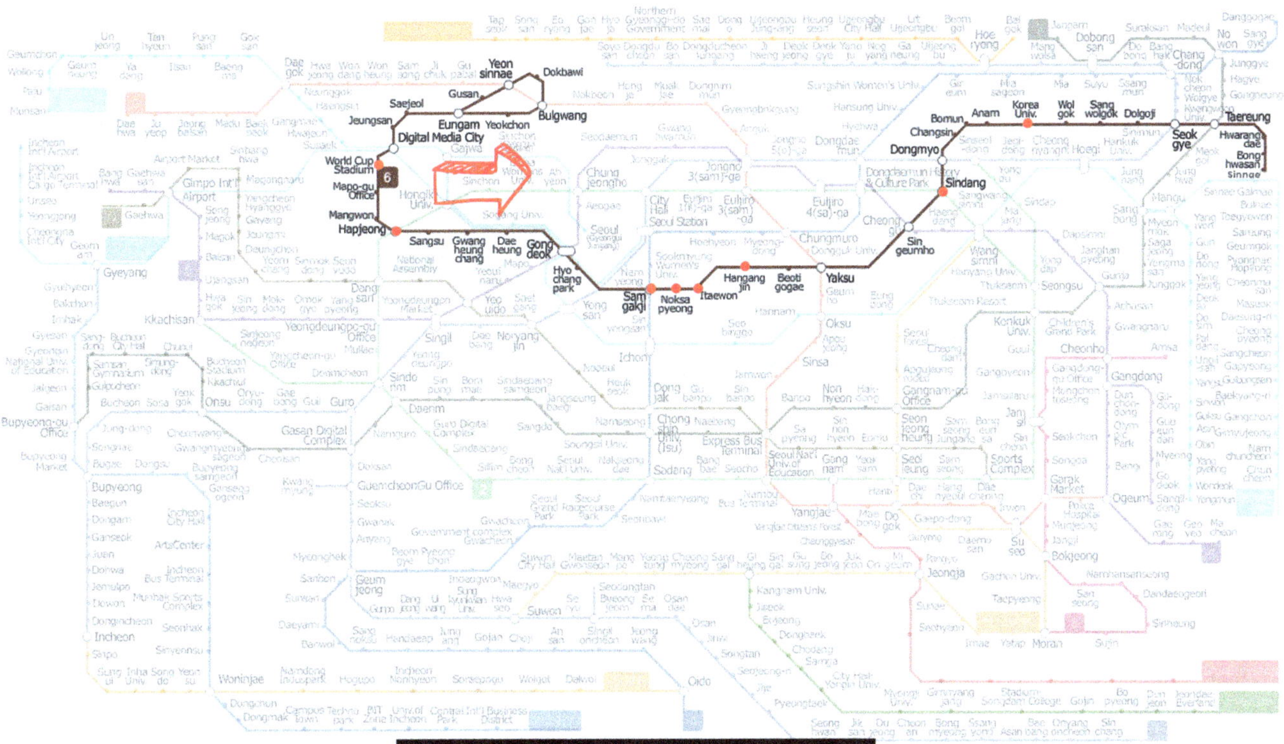

(619) WORLD CUP STADIUM 월드컵 경기장

- Seoul World Cup Stadium
  서울 월드컵 경기장
- World Cup Park
  월드컵 공원

(622)=(238) HAPJEONG 합정

- Yanghwajin Friedhof für ausländische Missionare
  양화진외국인선교사묘원
- Märtyrerschrein Jeoldusan
  절두산 성지
- Mecenatpolis Mall
  메세나폴리스몰

(628)=(428) SAMGAKJI 삼각지

- Kriegsdenkmal
  전쟁기념관

(629) NOKSAPYEONG 녹사평

- Gyeongridan-gil (Straße)
  경리단길

(630) ITAEWON 이태원

- Itaewon Touristenzone
  이태원 관광 특구

(631) HANGANGJIN 한강진

- Botanischer Garten Namsan
  남산 야외 식물원

(635)=(206) SINDANG 신당

- Hwanghakdong Flohmarkt
  황학동 벼룩시장
- Chungmu Art Center
  충무 아트센터
- Sindangdong Tteokbokki Town
  신당동 떡볶이타운

(640) KOREA UNIVERSITY 고려대학교

- Königsgräber Yeonghwiwon & Sunginwon 영휘원과 숭인원
- Gedenkhalle für König Sejong den Großen
  세종대왕기념관

- **Diese Linie ist U-förmig**
- **Wenn ein Zug in Eungam ankommt, durchfährt er die „Eungam-Schleife", eine Einbahnschleife von Stationen, und fährt dann weiter nach Sinnae.**
- **Anzahl der Stationen: 38**
- **Endstationen: Eungam / Sinnae**

Seoul World Cup Stadium
서울 월드컵 경기장

Mapo-gu, Seongsan-dong 515-39
서울 마포구 성산동 515-39

Es wurde als Hauptstadion für den FIFA Weltpokal Korea/Japan 2002 gebaut und ist mit einer Kapazität von 66.704 Plätzen das größte reine Fußballstadion in Asien. Das Dach wurde in der Form eines traditionellen koreanischen Drachens gestaltet und bedeckt 90 % der Sitzplätze. Rund um das Stadion gibt es fünf Themenparks, die von Bäumen und Springbrunnen umgeben sind und sowohl morgens als auch abends zu einem Spaziergang einladen. Wenn die größten Rivalen in der K-Liga (FC Seoul & Suwon Bluewings) im Stadion aufeinandertreffen, solltest du dir überlegen, ob du dich nicht unter die Zuschauer mischst.

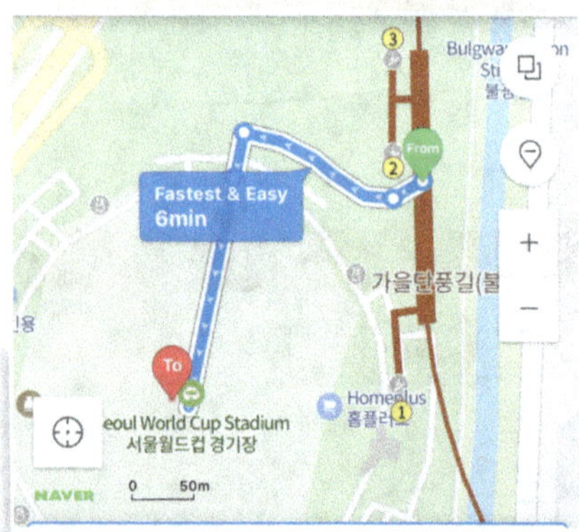

6 Min zu Fuß, 162m von AUSGANG #2

Google Maps

Überprüfe den Veranstaltungsplan für die Öffnungszeiten.

www.sisul.or.kropen_content/worldcup

World Cup Park
월드컵 공원

Mapo-gu, Haneulgongwon-ro 86
서울 마포구 하늘공원로 86

Die Insel Nanjido, auf der sich der Park befindet, war von 1978–93 eine Mülldeponie. Nachdem der riesige künstliche Berg abgerissen und ein ökologischer Park angelegt wurde, ist er nun als beliebter Park für die Bürgerinnen und Bürger Seouls anlässlich der FIFA Fußball-Weltmeisterschaft 2022 Korea/Japan wiedergeboren worden. Er hat fünf Themenparks, darunter den Pyeonghwa (Frieden) Park, den Haneul (Himmel) Park, den Noeul (Sonnenuntergang) Park, den Nanjicheon Park und den Nanji Hangang Park. Derzeit gibt es 733.000 Bäume mit 92 Arten im Park, und der Nanji-Teich und der Nanjicheon-Bach sorgen für eine wunderschöne Naturkulisse. Die World Cup Park Exhibition Hall, in der du die gesamte Geschichte und den Wandel der Insel Nanjido sehen kannst, und der Nanji-Teich, an dem du Tier- und Pflanzenarten und verschiedene Vögel sehen kannst, sind berühmte Orte im Park. Auch an Tagen, an denen keine Fußballspiele stattfinden, ist der Park ein beliebter Wanderweg für die Bürgerinnen und Bürger, und es werden verschiedene Lernprogramme und Veranstaltungen angeboten.

15 Min zu Fuß, 528m von AUSGANG #1

Google Maps

24 STUNDEN GEÖFFNET

parks.seoul.go.krtemplate/sub/worldcuppark.do

Yanghwajin Friedhof für ausländische Missionare 양화진외국인선교사묘원

5 Min zu Fuß, 320m von AUSGANG #7

**Märtyrerschrein Jeoldusan
절두산 성지**

7 Min zu Fuß, 482m von AUSGANG #7

**Mecenatpolis Mall
메세나폴리스몰**

1 Min zu Fuß, 35m von AUSGANG #10

Diese Orte wurden bereits auf den vorherigen Seiten vorgestellt.

Kriegsdenkmal
전쟁기념관

4 Min zu Fuß, 262m von AUSGANG #12

Dieser Ort wurde bereits auf den vorherigen Seiten vorgestellt.

(629) NOKSAPYEONG 녹사평

Gyeongridan-gil (Straße)
경리단길

Yongsan-gu, Noksapyeong-daero 234
서울 용산구 녹사평대로 234

Sie ist eine der beliebtesten Straßen in Itaewon. Wenn du vom Ausstieg 2 der Noksapyeong Station den Hügel hinaufgehst, kannst du kleine Restaurants, Cafés und Kneipen finden, die sich wie Spinnennetze um die breite Straße herum ausbreiten. Einzigartige Läden in den Gassen spielten eine entscheidende Rolle bei der Entstehung des heutigen Gyeongridan-gil, und so entstand ein Geschäftsviertel rund um die Gassen und nicht am Straßenrand. Es hat sich schnell zu einem trendigen Ort für junge Leute entwickelt, die genug von Franchise-Cafés und Restaurants haben. Es gibt eine Handvoll einzigartiger Craft-Bier-Kneipen. Es scheint mehr Restaurants und Craft Beer Pubs zu geben, die von Ausländern betrieben werden als von Koreanern.

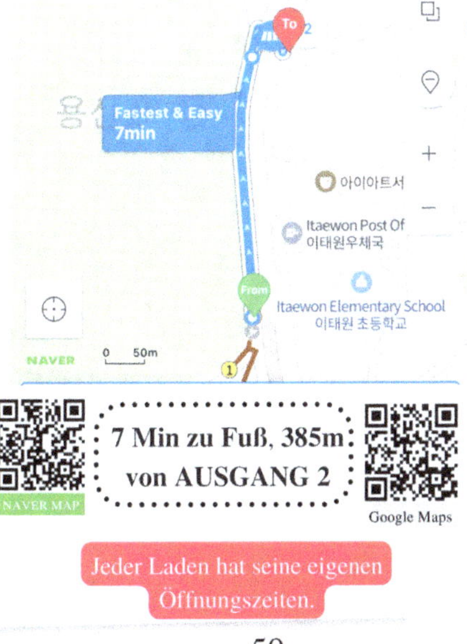

7 Min zu Fuß, 385m von AUSGANG 2

Google Maps

Jeder Laden hat seine eigenen Öffnungszeiten.

(630) ITAEWON 이태원

Itaewon Touristenzone
이태원 관광 특구

Yongsan-gu, Itaewon-ro 150
서울 용산구 이태원로 150

Itaewon ist die erste touristische Sonderzone in Seoul und ist ein multinationales und multikulturelles Gebiet, in dem mehr als 20.000 Ausländer leben. Mehr als 2.000 Geschäfte, darunter Unterkünfte, Restaurants, Unterhaltungseinrichtungen und Reisebüros, sind in den Gassen konzentriert. Berühmt ist auch die Antique Furniture Street mit mehr als 100 Geschäften vom Hamilton Hotel bis zur Bogwang-ro. Außerdem kannst du in der World Food Street exotische Kultur und exotisches Essen erleben. Hier gibt es Restaurants aus mehr als 40 Ländern, die von Ausländern betrieben werden. Jedes Jahr im Oktober finden verschiedene Aufführungen und Veranstaltungen statt, und besonders berühmt ist das Itaewon Global Village Festival. US-Dollars und Yen werden frei verwendet und es ist einfach, mit Händlern in Sprachen wie Englisch, Japanisch und Chinesisch Geschäfte zu machen. Es ist der exotischste Ort in Korea.

4 Min zu Fuß, 282m von AUSGANG #4

Google Maps

Jeder Laden hat seine eigenen Öffnungszeiten.

www.itaewon.or.kr

Botanischer Garten Namsan
남산 야외 식물원

Yongsan-gu, Itaewon-dong 259-16
서울 용산구 이태원동 259-16

Er ist ein botanischer Garten im Freien, der sich im Namsan Urban Nature Park in Yongsan-gu, Seoul befindet. Er ist unterteilt in einen Teich, einen botanischen Wassergarten, einen Kiefernkomplex mit Kiefern aus allen acht Provinzen Koreas und einen Wildblumengarten. Der Eintritt ist frei. In der Mitte gibt es ein „Kinder-Walderlebniszentrum", in dem Kinder spielen können. Auf dem Weg zum Kiefernkomplex, nachdem du den Moosgarten durchquert hast, gibt es einen Akupressurpfad. Im Frühling und im Herbst blühen im Wildgarten viele Blumen und du kannst ein wunderschönes Bild sehen. Von Juni bis August kannst du keine Blumen sehen.

23 Min zu Fuß, 1.3km von AUSGANG #1

NAVER MAP

Google Maps

24 STUNDEN GEÖFFNET

Hwanghakdong Flohmarkt
황학동 벼룩시장

6 Min zu Fuß, 392m von AUSGANG #1

Chungmu Art Center
충무 아트센터

2 Min zu Fuß, 105m von AUSGANG #9

Sindangdong Tteokbokki Town
신당동 떡볶이타운

4 Min zu Fuß, 236m von AUSGANG #8

Diese Orte wurden bereits auf den vorherigen Seiten vorgestellt.

Königsgräber Yeonghwiwon & Sunginwon 영휘원과 숭인원

Dongdaemun-gu Hongreung-ro 90
서울 동대문구 홍릉로 90

Yeonghwiwon ist das Grab von Königin Sunheon, der Konkubine von Kaiser Gojong des koreanischen Reiches, und Sunginwon ist das Grab von Yi Jin-won, dem ersten Sohn von Prinz Uimin, dem letzten Kronprinzen des koreanischen Reiches. Ein Spaziergang durch den Park abseits der geschäftigen Stadt ist eine heilsame Entspannung, die Zeit und Raum übersteigt.

17 Min zu Fuß, 824m von AUSGANG #3

NAVER MAP

Google Maps

TÄGLICH 9:00 - 18:00 Uhr MONTAG GESCHLOSSEN

Gedenkhalle für König Sejong den Großen 세종대왕기념관

Dongdaemun-gu Hoegi-ro 56
서울 동대문구 회기로 56

Das Gebäude wurde zu Ehren von König Sejong dem Großen errichtet, der als einer der größten Könige in der koreanischen Geschichte für seine heiligen Tugenden und brillanten Leistungen gilt.

Das dreistöckige Gebäude beherbergt einen Ausstellungsbereich (Hangul, Wissenschaft, traditionelle Musik, Kunst und Outdoor), ein Auditorium, ein Labor und einen Referenzraum. Wenn du dich jemals gefragt hast, warum er als der größte König in der koreanischen Geschichte verehrt wird, wirst du mit dem Kopf nicken, wenn du in diesem großartigen Museum mehr über ihn erfährst.

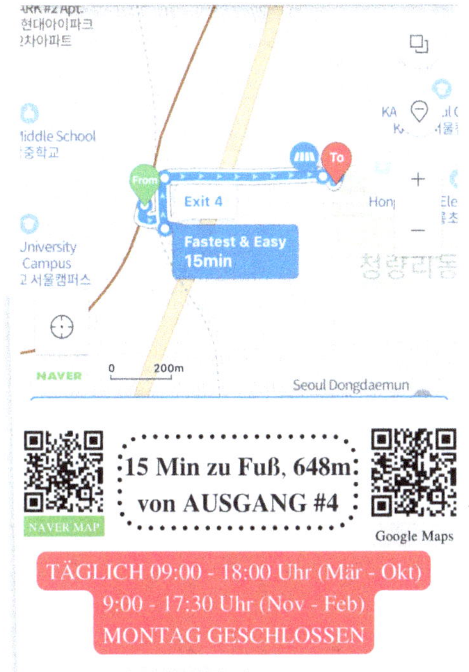

15 Min zu Fuß, 648m von AUSGANG #4

NAVER MAP

Google Maps

TÄGLICH 09:00 - 18:00 Uhr (Mär - Okt)
9:00 - 17:30 Uhr (Nov - Feb)
MONTAG GESCHLOSSEN

sejongkorea.org

Sindangdong Tteokbokki Town
신당동 떡볶이타운

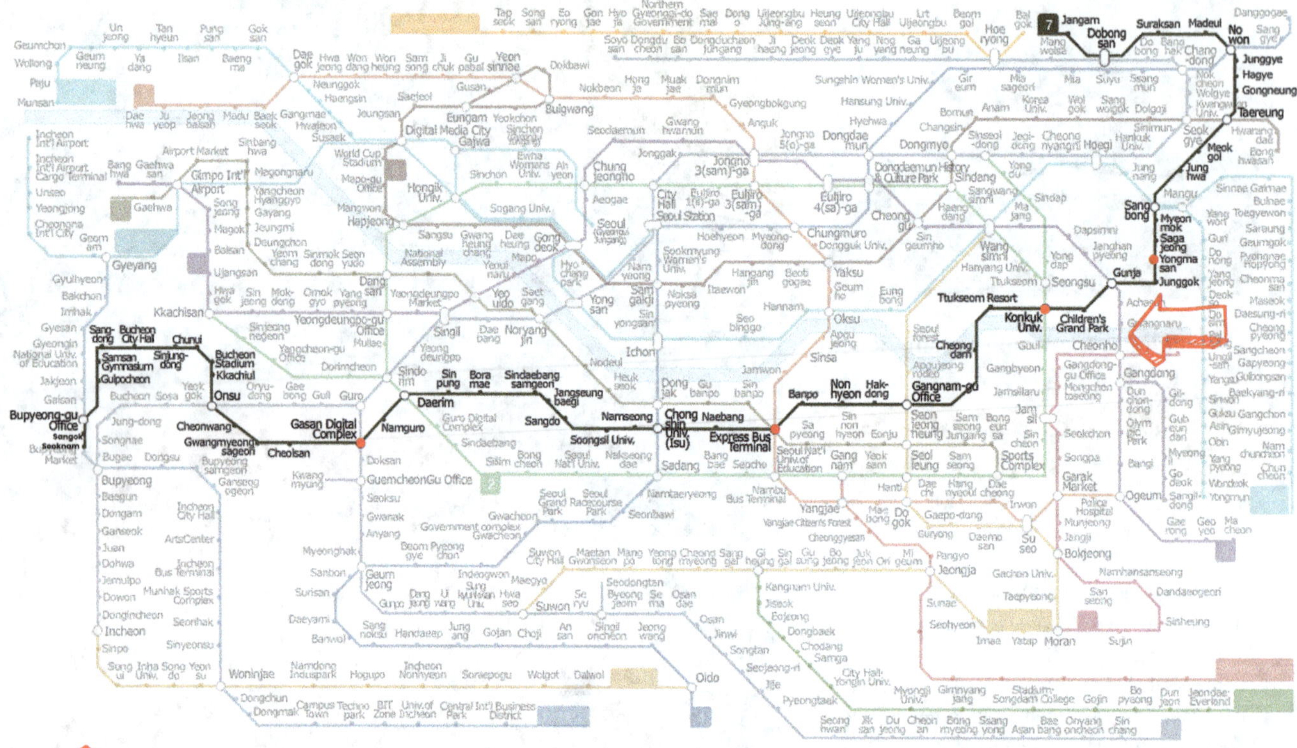

(723) YONGMASA 용마산

- Berg Yongmasan
  용마산

(727)=(212) KONKUK UNIV. 건대입구

- Common Ground
  커먼그라운드

(734)=(923)=(339) EXPRESS BUS TERMINAL 고속터미널

- GOTO Mall (Gangnam Terminal U-Bahn-Einkaufskomplex) 고투몰
- Sevit Seom (Schwebende Insel) 세빛섬
- Central City 센트럴 시티

(746) GASAN DIGITAL COMPLEX 가산디지털단지

- Gasan Digital Complex Outlet Town
  가산디지털단지 아울렛타운

- **Diese Linie verbindet den Norden und Süden Seouls, führt aber nicht durch das Stadtzentrum.**
- **Anzahl der Stationen: 53**
- **Endstationen: Jangam / Seoknam**

Berg Yongmasan
용마산

Jungnang-gu Myeonmok 4-dong San 75-1
서울특별시 중랑구 면목4동 산75-1

Der Berg Yongmasan ist 348 Meter hoch und hat zahlreiche Aussichtsplattformen, von denen man einen tollen Blick auf Seoul hat. Dank seiner freundlichen Höhe ist er für Menschen jeden Alters geeignet. Manche wandern sogar in Freizeitkleidung. Schau dir unbedingt den Wasserfall im Park an, den du auf deinem Weg triffst. Er ist der größte künstliche Wasserfall in Asien. Sein Nachbar, der Berg Achasan, ist nur 287 Meter hoch. Auch er bietet eine tolle Aussicht auf Seoul. Wenn du die Gipfel beider Berge erreichen willst, brauchst du dafür insgesamt etwa 2 Stunden.

17 Min zu Fuß, 842m von AUSGANG #2

NAVER MAP

Google Maps

24 STUNDEN GEÖFFNET

Common Ground
커먼그라운드

3 Min zu Fuß, 196m von AUSGANG #6

Dieser Ort wurde bereits auf den vorherigen Seiten vorgestellt.

GOTO Mall (Gangnam Terminal Underground Shopping Complex)
고투몰

3 Min zu Fuß, 140m von AUSGANG #8-1

Sevit Seom (Schwebende Insel)
세빛섬

24 Min zu Fuß, 1.3km von AUSGANG #8-1

Central City
센트럴 시티

1 Min zu Fuß, 50m von AUSGANG #3

Diese Orte wurden bereits auf den vorherigen Seiten vorgestellt.

(746) GASAN DIGITAL COMPLEX
가산디지털단지

Gasan Digital Complex Outlet Town
가산디지털단지 아울렛타운

Geumcheon-gu Beotkkot-ro 266
서울 금천구 벚꽃로 266

Hier betrieben die im Guro-Industriekomplex ansässigen Bekleidungsunternehmen in der Vergangenheit ihre eigenen festen Geschäfte. Mit der Eröffnung des Mario Outlet im Jahr 2001 wurde eine große Modestadt zu dem, was sie heute ist. Nach dem Erfolg des Mario Outlets sind in der Umgebung große Outlets wie die W Mall, Fashion Island und das Hansom Factory Outlet entstanden. Es gibt Bereiche wie den Mario Square und die Fashion Street, in denen die Besucherinnen und Besucher einkaufen können, während sie gemütlich draußen spazieren gehen. Außerdem werden dort Großveranstaltungen wie Kunstausstellungen und Kochkurse abgehalten. Außerdem gibt es dort einen Food Court im europäischen Stil.

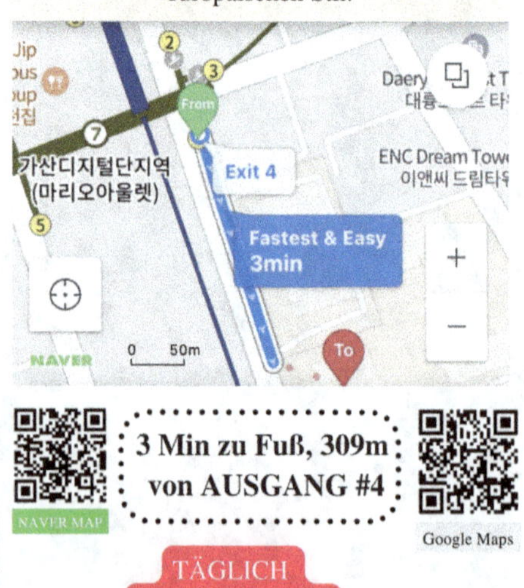

3 Min zu Fuß, 309m von AUSGANG #4

NAVER MAP

Google Maps

TÄGLICH
10:30 - 21:00 Uhr
(F/SA/SO 21:30 Uhr)

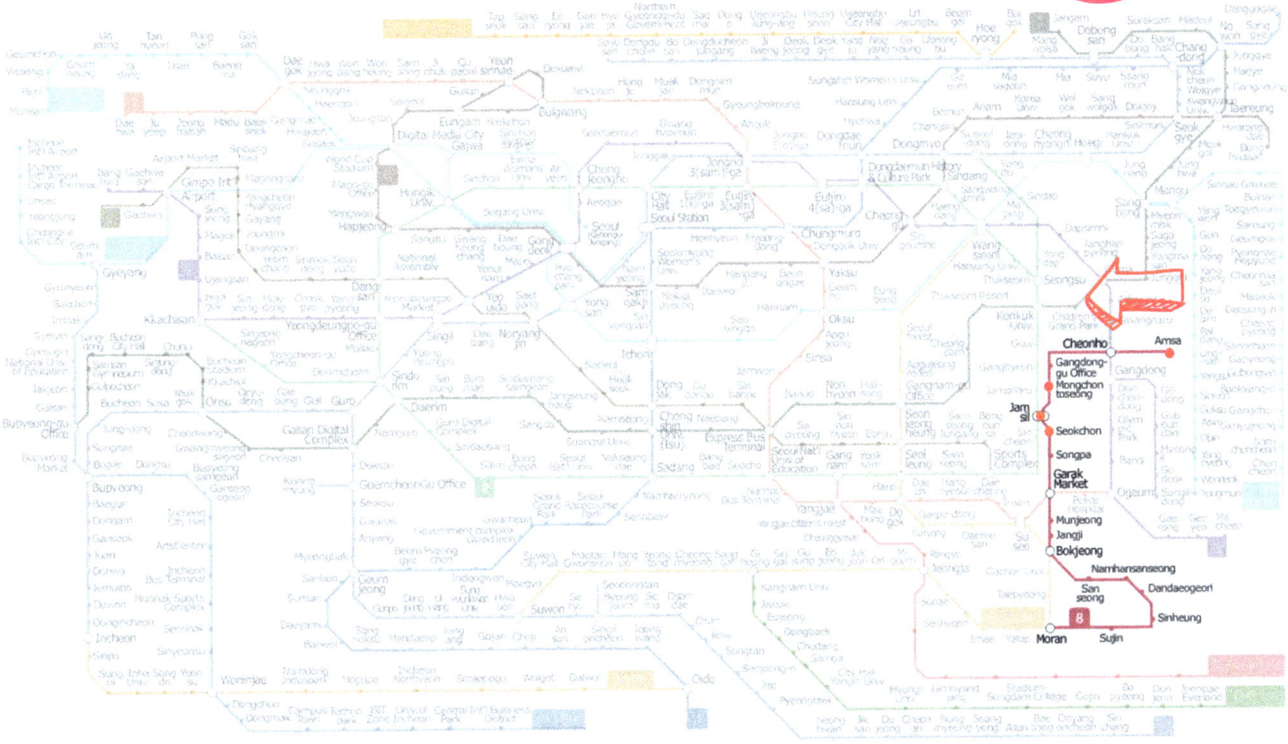

(810) AMSA 암사

- Prähistorische Siedlungsstätte Amsa-dong
  암사동 유적지

(813) MONGCHONTOSEONG 몽촌토성

- Olympic Park
  올림픽공원

(814)=(216) JAMSIL 잠실

- Lotte World
  롯데 월드
- Samjeondobi-Steind-enkmal
  삼전도비

(815)=(933) SEOKCHON 석촌

- Seokchon See-Park
  석촌호수

- l Diese Linie hat die wenigsten Stationen und die kürzeste Strecke.
- l Ab 2022 ist sie eine der beiden Linien (die andere ist die Linie 9), die den Fluss Han nicht überquert.
- Anzahl der Stationen: 18
- Endstationen: Amsa / Moran

Amsa-dong Prehistoric Settlement Site 암사동 유적지

Gangdong-gu, Ollimpik-ro 875
서울 강동구 올림픽로 875

Diese Stätte wurde 1925 ausgegraben, nachdem eine Überschwemmung den Boden am Ufer des Han weggespült hatte. Dabei kamen zahlreiche antike Artefakte zum Vorschein, wie z. B. Töpferwaren mit Kammmuster, Steinpfeile und Äxte. Der Park soll den Lebensstil der Jungsteinzeit (7.000 v. Chr. bis 1.000 v. Chr.) nachempfinden und bietet viele Attraktionen wie riesige Lehmhütten, Ausstellungshallen und Promenaden. Es ist ein unterhaltsamer und lehrreicher Ort für Kinder und Familien, die die Jungsteinzeit kennenlernen und erleben wollen.

20 Min zu Fuß, 1.3km von AUSGANG #4

NAVER MAP

Google Maps

TÄGLICH 9:30 - 18:00 Uhr
MONTAG GESCHLOSSEN
(Wenn ein nationaler Feiertag auf einen Montag fällt, ist am nächsten Tag geschlossen).

sunsa.gangdong.go.kr

Olympic Park 올림픽공원

Songpa-gu Ollimpik-ro 424
서울 송파구 올림픽로 424

Ursprünglich für die Olympischen Sommerspiele 1988 in Seoul angelegt, wurde dieser 408 Hektar große Park in einen riesigen Freizeitpark mit Sportstadien, Wäldern und Wiesen verwandelt. Er ist in verschiedene Bereiche unterteilt - Freizeitsportpark, Kultur- und Kunstpark, Ökopark und Geschichtserlebnispark. Aufgrund seiner enormen Größe braucht man viele Stunden (3+), um den Park vollständig zu erkunden. Deshalb solltest du dich mit dem Aufbau des Parks vertraut machen, bevor du losgehst. Es ist ein beeindruckender Park, in dem Modernität und Natur harmonisch nebeneinander existieren. Um Zeit zu sparen, kannst du mit der Bahn („Hodori Train") fahren, die sich neben dem Friedensplatz befindet.

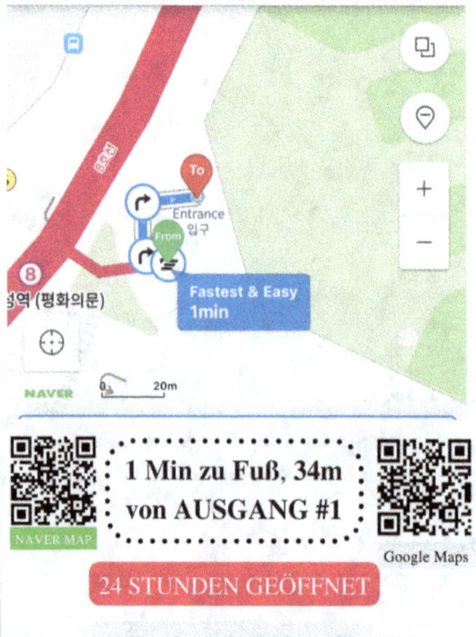

1 Min zu Fuß, 34m von AUSGANG #1

NAVER MAP

Google Maps

24 STUNDEN GEÖFFNET

www.olympicpark.co.kr

Lotte World
롯데 월드

2 Min zu Fuß, 143m von AUSGANG #4

Samjeondobi-Steind-enkmal
삼전도비

6 Min zu Fuß, 270m von AUSGANG #3

Diese Orte wurden bereits auf den vorherigen Seiten vorgestellt.

(815)=(933) SEOKCHON 석촌

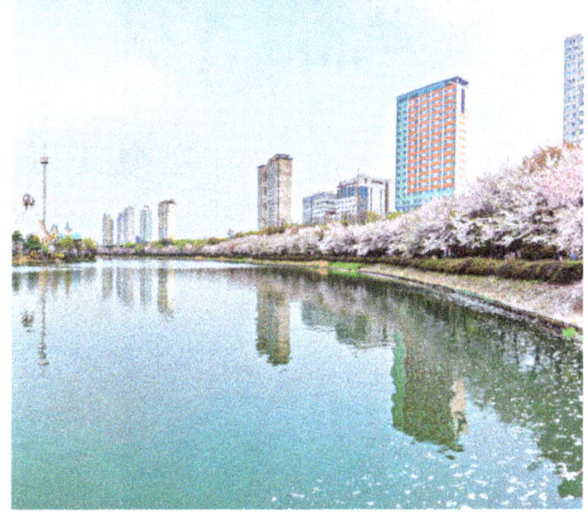

Seokchon See-Park
석촌호수

Songpa-gu Jamsil-ro 148
서울 송파구 잠실로 148

Er liegt im Songpa Naru Park und besteht aus zwei künstlichen Seen, dem Seo-ho (Westsee) und dem Dong-ho (Ostsee), durch die der Songpa-daero verläuft. In der Mitte des Seo-ho befindet sich die "Magic Island" von Lotte World, während der Dong-ho für seine Wander- und Joggingwege bekannt ist, die an seinen Ufern entlangführen. Im Jahr 2014 wurde hier die Skulptur „Rubber Duck" des niederländischen Künstlers Florentijn Hofman aufgestellt. Es ist ein ruhiger Park, der in der Nähe des Lotte-Komplexes liegt. Er ist einer der besten Orte, um die Kirschblüte (Apr-Mai) zu genießen, da er nicht so überlaufen ist wie der Yeouido Park.

NAVER MAP

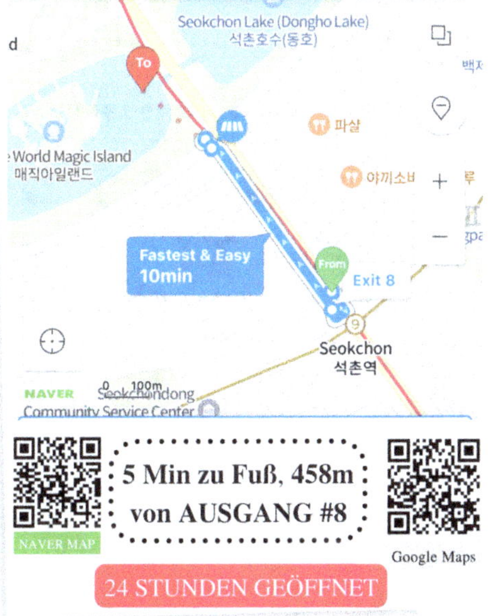

5 Min zu Fuß, 458m
von AUSGANG #8

Google Maps

24 STUNDEN GEÖFFNET

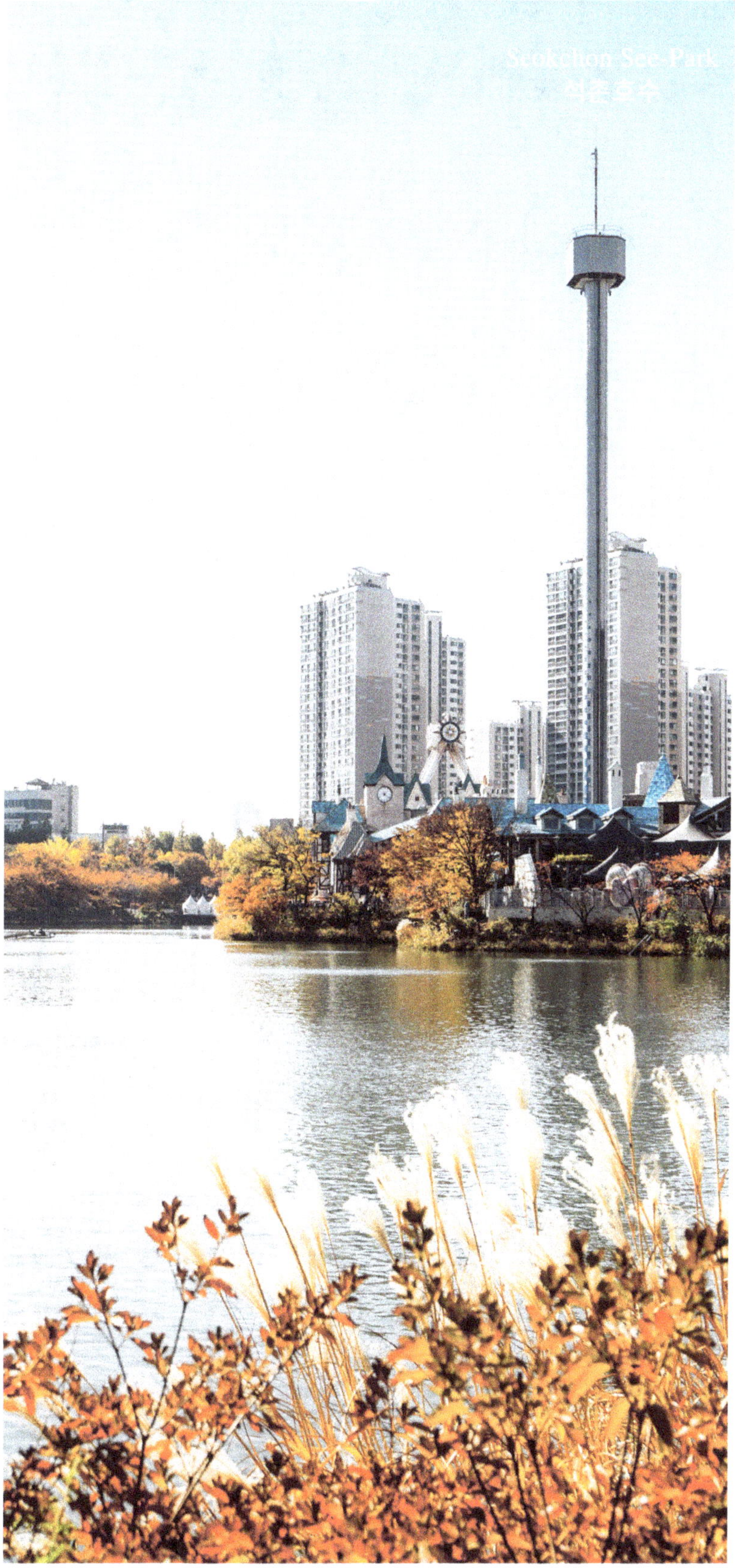

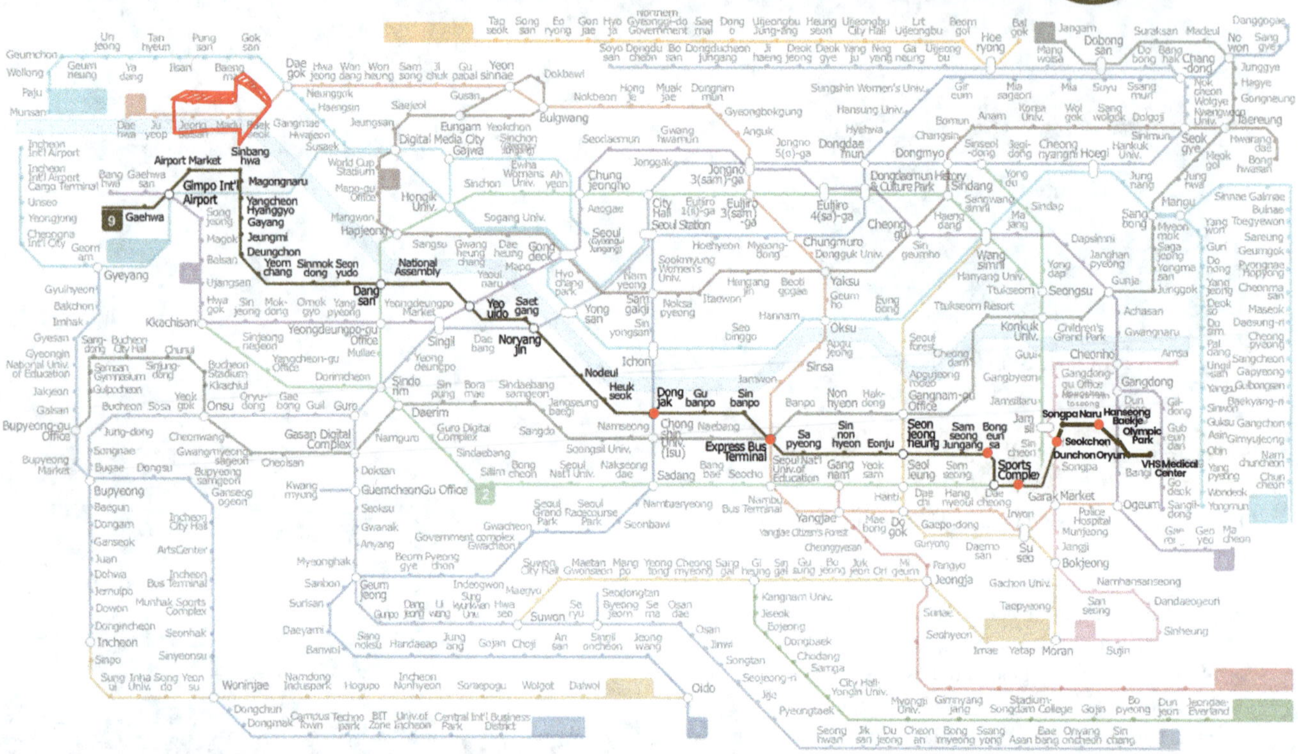

(906) YANGCHEON HYANGGYO 양천향교

- Konfuzianische Schule Yangcheon Hyanggyo 양천향교

(912) SEONYUDO 선유도

- Seonyudo Park 선유도 공원

(914) NATIONAL ASSEMBLY 국회의사당

- Gebäude der Nationalversammlung 국회의사당

(915)=(525) YEOUIDO 여의도

- IFC Mall IFC 몰
- Yeouido Park 여의도공원

(916) SAETGANG 샛강

Ökologischer Park Yeouido Saetgang 여의도 생태공원

(136)=(917) NORYANGJIN 노량진

- Sayuksinmyo Gräber der sechs Märtyrer 사육신묘
- Noryangjin-Fischereimarkt 노량진 수산시장

(920)=(431) DONGJAK 동작

- Nationalfriedhof 국립 서울 현충원

(923)=(734)=(339) EXPRESS BUS TERMINAL 고속터미널

- GOTO Mall (Gangnam Terminal U-Bahn-Einkaufskomplex) 고투몰
- Sevit Seom (Schwebende Insel) 세빛섬
- Central City 센트럴 시티

(929) BONGEUNSA 봉은사

- Bongeunsa-Tempel 봉은사
- COEX 코엑스

(933)=(815) SEOKCHON 석촌

- Seokchon See-Park 석촌호수

(935) HANSEONG BAEKJE 한성백제

- Seoul (Hanseong) Baekje Museum 한성백제박물관

- **Dies ist die neueste Ergänzung des Seouler U-Bahn-Systems.**
- **Sie ist oft überfüllt, vor allem zur Hauptverkehrszeit.**
- **Anzahl der Stationen: 38**
- **Endstationen: Gaehwa / VHS Medical Center**

Konfuzianische Schule Yangcheon Hyanggyo 양천향교

Gangseo-gu, Yangcheon-ro 47 Na-gil 53
서울 강서구 양천로47나길 53

Yangcheon Hyanggyo ist eine Bildungseinrichtung, die vom Staat gegründet wurde, um die Einwohner zu erziehen und zu bilden, indem Rituale zu Ehren von Konfuzius und verschiedenen Weisen durchgeführt werden. Diese Schule wurde erstmals im 11. Jahr von König Taejong (1411) der Joseon-Dynastie erbaut und 1981 vollständig restauriert. Zu den Gebäuden gehören der Daeseongjeon-Schrein, eine Gedenkhalle, die Myeongnyundang Lecture Hall, ein Auditorium, das pädagogische Funktionen erfüllt, Dongjae und Seojae, ein Schlafsaal für Schüler, das Naesammun-Tor und das Oesammun-Tor. Im Inneren des Daeseongjeon-Schreins sind die Tafeln von Konfuzius und seinen Schülern aufbewahrt. Heute ist die Bildungsfunktion verschwunden und nur die Funktion der Ahnenriten ist geblieben. Die Konfuzianische Schule Yangcheon Hyanggyo ist die einzige in Seoul unter den landesweit 234 konfuzianischen Schulen.

hyanggyo.net

Seonyudo Park 선유도 공원

Yeongdeungpo-gu, Seonyu-ro 343
서울 영등포구 선유로 343

Sie war eine kleine Gipfelinsel in der Mitte des Han und wurde lange Zeit von Künstlern und Dichtern geliebt. Doch während der japanischen Kolonialzeit verschwand das alte Aussehen des Seonyubong Peak, und von 1978 bis 2000 wurde er als Wasseraufbereitungsanlage genutzt, um den südwestlichen Teil von Seoul mit Leitungswasser zu versorgen. Im Jahr 2002 wurde er zu einem umweltfreundlichen Ökopark umgestaltet, der Freizeit, Erholung und Bildung bietet. Hier kannst du das Wachstum und den Reinigungsprozess verschiedener Wasserpflanzen beobachten, die das Wasser reinigen, und es gibt auch kulturelle Einrichtungen wie ein Amphitheater und Bildungseinrichtungen.

www.ydp.go.kr

Gebäude der Nationalversammlung 국회의사당

Yeongdeungpo-gu, Euisadang-daero 1
서울 영등포구 의사당대로 1

Das Gebäude der Nationalversammlung befindet sich in Yeouido und symbolisiert die Demokratie und die Menschenrechte in Korea. Es besteht aus dem Hauptgebäude der Nationalversammlung, der Bibliothek der Nationalversammlung auf der rechten Seite und der Halle der Nationalversammlung auf der linken Seite. Du kannst es leicht von den Ausgängen 1 und 6 der National Assembly Building Station aus finden. Die Bibliothek ist gut organisiert. Es gibt zwar nicht viele Sitzplätze, aber es sind auch nicht viele Leute da.

korea.assembly.go.kr

Besucher können eine Tour reservieren, indem sie mindestens 3 Tage vor dem geplanten Termin eine E-Mail an visitor@assembly.go.kr schicken.

IFC Mall
IFC 몰

6 Min zu Fuß, 328m von AUSGANG #3

Yeouido Park
여의도공원

11 Min zu Fuß, 354m von AUSGANG #3

Diese Orte wurden bereits auf den vorherigen Seiten vorgestellt.

Ökologischer Park Yeouido Saetgang
여의도 생태공원

Yeongdeungpo-gu Yeouido-dong 49
서울 영등포구 여의도동 49

Er ist der erste ökologische Park, der in Korea gebaut wurde. Er wurde ursprünglich 1997 eröffnet und zwischen 2008 und 2011 komplett renoviert. Dadurch wurde er zu einem riesigen Park mit sechs verschiedenen Themenbereichen. Er ist voll von seltenen Tier- und Pflanzenarten wie Turmfalken, Reihern und Elritzen. Er grenzt an den Yeouido-Park, hat aber ein anderes Ambiente – du kannst die Natur mehr spüren und bist weniger übervölkert.

6 Min zu Fuß, 647m von AUSGANG #4

24 STUNDEN GEÖFFNET

www.ydp.go.kr

Sayuksinmyo Gräber der sechs Märtyrer 사육신묘

14 Min zu Fuß, 697m von AUSGANG #2

Noryangjin-Fischereimarkt
노량진 수산시장

4 Min zu Fuß, 248m von AUSGANG #1

Diese Orte wurden bereits auf den vorherigen Seiten vorgestellt.

Nationalfriedhof
국립 서울 현충원

1 Min zu Fuß, 62m von AUSGANG #4

Dieser Ort wurde bereits auf den vorherigen Seiten vorgestellt.

GOTO Mall (Gangnam Terminal U-Bahn-Einkaufskomplex)
고투몰

3 Min zu Fuß, 140m von AUSGANG #8-1

Sevit Seom (Schwebende Insel)
세빛섬

24 Min zu Fuß, 1.3km von AUSGANG #8-1

Central City
센트럴 시티

1 Min zu Fuß, 50m von AUSGANG #3

Diese Orte wurden bereits auf den vorherigen Seiten vorgestellt.

Bongeunsa-Tempel
봉은사

Gangnam-gu Bongeunsa-ro 531
서울 강남구 봉은사로 531

Dieser 1.200 Jahre alte Tempel hieß ursprünglich Gyeonseongsa-Tempel und wurde 794 während des Silla-Königreiches (57 v. Chr. – 935 n. Chr.) erbaut. Nachdem er die Unterdrückung des Buddhismus durch die Joseon-Dynastie überlebt hatte, wurde er von 1551 bis 1936 zum Haupttempel der koreanischen Seon 선 (Zen) Sekte des Buddhismus. Er ist auch ein berühmter Touristenort mit seinem „Tempellebensprogramm", bei dem die Besucher für ein paar Stunden das Leben eines Mönchs führen können – jeden Donnerstag von 14 bis 16 Uhr wird das Tempellebensprogramm für ausländische Besucher angeboten. Es umfasst eine Tempeltour, das Basteln von Lotoslaternen, Dado (Teetrinkzeremonie) und die Möglichkeit, mit einem Mönch zu sprechen. Alle Aktivitäten werden auf Englisch durchgeführt. Mit den Wolkenkratzern und modernen Gebäuden rundherum bildet dieser ruhige Tempel den dramatischsten Kontrast in Korea, der so inspirierend ist. Besuche die Homepage für die neuesten Informationen.

1 Min zu Fuß, 135m von AUSGANG #1

TÄGLICH 5:00 - 22:00 Uhr

www.bongeunsa.org

(929) BONGEUNSA 봉은사

COEX
코엑스

COEX steht für „Convention and Exhibition" und beherbergt das Kongress- und Ausstellungszentrum, die COEX Mall, drei Luxushotels, ein städtisches Flughafenterminal, in dem du einchecken und dein Gepäck aufgeben kannst, ohne zum Flughafen Incheon fahren zu müssen, ein Multiplex-Kino und das COEX Aquarium. Das Einkaufszentrum ist das größte unterirdische Einkaufszentrum Asiens und bietet eine riesige Auswahl an Mode-, Lifestyle-, Accessoires- und Elektronikgeschäften sowie eine große Auswahl an Restaurants und Cafés. Es ist ein riesiges und trendiges Einkaufszentrum, das alles für deine Unterhaltungsbedürfnisse bietet.

COEX Convention 10:00 - 18:00 Uhr
Starfield COEX Mall 10:30 - 22:00 Uhr

www.coex.co.kr

(933)=(815) SEOKCHON 석촌

Seokchon See-Park
석촌호수

5 Min zu Fuß, 458m von AUSGANG #8

Dieser Ort wurde bereits auf den vorherigen Seiten vorgestellt.

(935) HANSEONG BAEKJE 한성백제

Seoul (Hanseong) Baekje Museum
한성백제박물관

Es ist ein Stadtmuseum, das an einer alten historischen Stätte in Songpa-gu eingerichtet wurde, um die Geschichte und Überreste von Baekje, einem der Drei Königreiche im alten Korea, zu bewahren. Es ist ein Ort, an dem du die Relikte von Baekje in der Vergangenheit und die Geschichte anderer Zeiten in einer speziellen Ausstellungshalle studieren kannst, einschließlich eines 4D-Videoerlebnisses. Da es sich im Olympiapark befindet, kannst du den Park und das Museum gemeinsam genießen. Insbesondere wenn du im Herbst zum Hanseong Baekje Festival gehst, kannst du im Museum verschiedene Erlebnisangebote wahrnehmen.

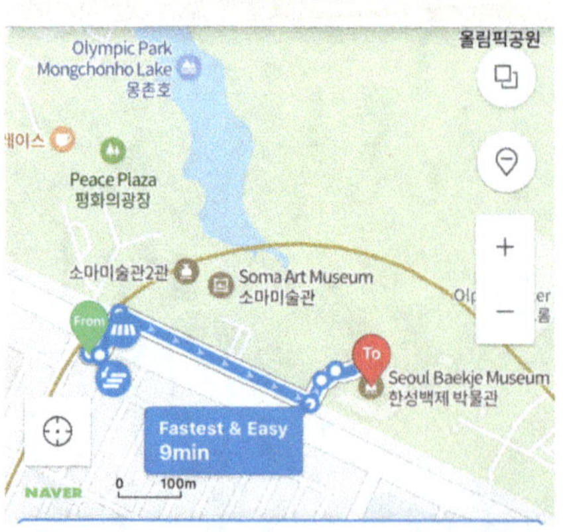

7 Min zu Fuß, 438m von AUSGANG #2

TÄGLICH 9:00 - 19:00 Uhr
(Nov - Feb SA/SO/Feiertag 9:00 - 18:00 Uhr)
MONTAG GESCHLOSSEN

museum.seoul.go.kr

EIN KÖNIGLICHES ERLEBNIS

(132)=(201) CITY HALL 시청

Deoksugung-Palast
덕수궁

Jung-gu Sejong-daero 99
서울 중구 세종대로99

- Nimm die Bahn in Richtung JONGGAK 종각 an der Linie (132) CITY HALL 시청 Station.
- Fahre 2 Stationen und steige an der Station (130)=(329) JONGNO 3-GA 종로3가 aus.
- Steige in die Linie 3 um, indem du zum Bahnsteig gehst.
- Nimm den Zug in Richtung ANGUK 안국.
- Fahre 2 Stationen und steige an der Station (328) ANGUK 안국 aus. AUSGANG #3.

etwa 28 min

(328) ANGUK 안국

Changdeokgung-Palast
창덕궁

Jongno-gu Yulgok-ro 99
서울 종로구 율곡로 99

Changgyeonggung-Palast
창경궁

Jongno-gu Changgyeonggung-ro 185
서울 종로구 창경궁로 185

etwa 7 min

- Nimm die Bahn in Richtung GYEONGBOKGUNG 경복궁 an der Station (328) ANGUK 안국.
- Fahre 1 Station und steige an der Station (327) GYEONGBOKGUNG 경복궁 aus. AUSGANG #5

(327) GYEONGBOKGUNG 경복궁

Gyeongbokgung-Palast
경복궁

Jongno-gu Sajik-ro 161
서울 종로구 사직로 161

Cheongwadae
청와대

Jongno-gu Hyojaro13-gil 45
서울 종로구 효자로13길 45

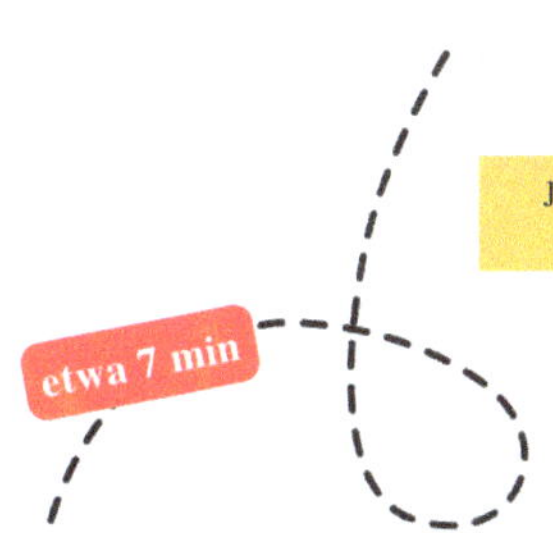

EIN SPIRITUELLER AUSFLUG

(131) JONGGAK 종각

Jogyesa-Tempel
조계사

Jongno-gu Ujeongguk-ro 55
서울 종로구 우정국로 55

etwa 16 min

- Nimm den Zug in Richtung CITY HALL 시청 an der Station (131) JONGGAK 종각.
- Fahre 1 Station und steige an der Station (132)=(201) CITY HALL 시청 aus. AUSTANG #6

(132)=(201) CITY HALL 시청

Hwangudan-Altar
환구단

Jung-gu Sogong-ro 106
서울 중구 소공로 106

etwa 18 min

- Nimm den Zug in Richtung SEOUL STATION 서울역 an der Station (132)=(201) CITY HALL 시청.
- Fahre 1 Station und steige an der Station (133)=(426) SEOUL STATION 서울역 aus.
- Steige in die Linie 4 um, indem du zum Bahnsteig gehst.
- Nimm die Station HOEHYEON 회현.
- Fahre 2 Stationen und steige an der Station (424) MYEONGDONG 명동 aus. AUSTANG #10

(424) MYEONGDONG 명동

Katholische Kathedrale
Myeongdong 명동 성당

Jung-gu, Myeongdong-gil 74
서울 중구 명동길 74

etwa 45 min

- Nimm die Bahn in Richtung HOEHYEON 회현 an der Station (424) MYEONGDONG 명동.
- Fahre 7 Stationen und steige an der Station (431)=(920) DONGJAK (SEOUL NATIONAL CEMETRY) 동작(현충원) aus.
- Steige in die Linie 9 um, indem du zum Bahnsteig gehst.
- Nimm die Bahn in Richtung GUBANPO 구반포.
- Fahre 4 Stationen weiter und steige an der Station (929) BONGEUNSA 봉은사 aus. AUSTANG #1

(929) BONGEUNSA 봉은사

Bongeunsa-Tempel
봉은사

Gangnam-gu Bongeunsa-ro 531
서울 강남구 봉은사로 531

LUST AUF EINEN EINKAUFSBUMMEL

(126)=(211-4) SINSEOLDONG 신설동

Seouler Volksflohmarkt
서울풍물시장

Dongdaemun-gu Cheonho-daero 4-gil 21
서울 동대문구 천호대로 4길 21

etwa 24 min

- Nimm die Bahn in Richtung DONGMYO 동묘앞 an der Station (126)=(211-4) SINSEOLDONG 신설동.
- Fahre 2 Stationen und steige an der Station (128)=(421) DONGDAEMUN 동대문 aus. AUSTANG #8

(128)=(421) DONGDAEMUN 동대문

Dongdaemun Fashion Town
동대문 패션타운

Jung-gu, Jangchungdan-ro 263
서울 중구 장충단로 263

etwa 16 min

- Steige in die Linie 4 um, indem du zum Bahnsteig gehst.
- Nimm die Bahn Richtung DONGDAEMUN HISTORY & CULTURE PARK 동대문 역사 문화 공원.
- Fahre 3 Stationen und steige an der Station (424) MYEONGDONG aus. AUSTANG #5

(424) MYEONGDONG 명동

Myeongdong
명동

Jung-gu, Myeongdong 2-ga
서울 중구 명동2가

etwa 5 min

- Nimm die Bahn in Richtung OIDO 오이도 an der Station (424) MYEONGDONG 명동.
- Fahre 1 Station weiter und steige an der Station (425) HOEHYEON 회현 aus. AUSTANG #5

(425) HOEHYEON 회현

Namdaemun-Markt
남대문 시장

Jung-gu, Namdaemunshijang 4-gil 21
서울 중구 남대문시장4길 21

(238)=(622) HAPJEONG 합정

Märtyrerschrein Jeoldusan
절두산 성지

Mapo-gu, Tojeong-ro 6
서울 마포구 토정로 6

Yanghwajin Friedhof für ausländische Missionare 양화진외국인선교사묘원

Mapo-gu Yanghwajin-gil 46
마포구 양화진길 46

etwa 28 min

- Nimm die Bahn in Richtung DANGSAN 당산 an der Station (238)=(622) HAPJEONG 합정.
- Fahre 1 Station und steige an der Station (237)=(913) DANGSAN 당산 aus.
- Steige in die Linie 9 um, indem du zum Bahnsteig gehst.
- Nimm an der Haltestelle (913)=(237) die Bahn Richtung NATIONAL ASSEMBLY 국회의사당.
- Fahre 4 Stationen und steige an der Station (917)=(136) NORYANGJIN 노량진 aus. AUSTANG #2

(917)=(136) NORYANGJIN 노량진

Sayuksinmyo Gräber der sechs Märtyrer 사육신묘

Dongjak-gu Noryangjin 1-dong
서울 동작구 노량진1동

etwa 24 min

- Nimm die Bahn in Richtung NODEUL 노들 an der Station (136)=(917) NORYANGJIN 노량진.
- Fahre 3 Stationen und steige an der Station (920)=(431) DONGJAK 동작 aus. AUSTANG #8

(920)=(431) DONGJAK 동작

Nationalfriedhof
국립 서울 현충원

Dongjak-gu Hyeonchung-ro 210
서울 동작구 현충로 210

ZUR ERINNERUNG AN DIE VERGANGENHEIT

(326) DONGNIMMUN 독립문

Seodaemun-Gefängnisses
서대문 형무소

Seodaemun-gu, Tongil-ro 251
서울 서대문구 통일로 251

Dongnimmun-Tor
독립문

Seodaemun-gu Hyeonjeo-dong 941
서울 서대문구 현저동 941

etwa 24 min

- Nimm die Bahn Richtung GYEONGBOKGUNG 경복궁 an der Station (326) DONGNIMMUN 독립문.
- Fahre 2 Stationen und steige an der Station (328) ANGUK 안국 aus. AUSTANG #4

(328) ANGUK 안국

Nationales Volkskundemuseum von
Korea 국립민속박물관

Jongno-gu, Samcheong-ro 37
서울 종로구 삼청로 37

etwa 40 min

- Nimm die Bahn in Richtung JONGNO 3(SAM)-GA 종로3가 an der Station (328) ANGUK 안국.
- Fahre 3 Stationen und steige an der Station (331)=(423) CHUNGMURO 충무로 aus.
- Steige in die Linie 4 um, indem du zum Bahnsteig gehst.
- Nimm die Bahn in Richtung MYEONGDONG 명동.
- Fahre 5 Stationen und steige an der Station (428)=(628) SAMGAKJI 삼각지 aus. AUSTANG #1

(428)=(628) SAMGAKJI 삼각지

Kriegsdenkmal
전쟁기념관

Yongsan-gu, Itaewon-ro 29
서울 용산구 이태원로 29

etwa 40 min

- Steige in die Linie 6 um, indem du zum Bahnsteig gehst.
- Nimm die Bahn in Richtung NOKSAPYEONG 녹사평.
- Fahre 12 Stationen und steige an der Station (640) KOREA UNIV. 고려대 Station aus. AUSTANG #3

(640) KOREA UNIV. 고려대

Gedenkhalle für König Sejong den Großen
세종대왕 기념관

Dongdaemun-gu Hoegi-ro 57
서울 동대문구 회기로 57

(421)=(128) DONGDAEMUN 동대문

Heunginjimun Park
흥인지문 공원

Jongno-gu Jong-ro 6-ga 70
서울 종로구 종로6가 70

(421)=(128) DONGDAEMUN 동대문

Cheonggyecheon
청계천

Jongno-gu Changsin-dong
서울 종로구 창신동

etwa 22 min

- Nimm die Bahn in Richtung DONGDAEMUN HISTORY & CULTURE PARK 동대문역사문화공원 am
- (421)=(128) DONGDAEMUN 동대문 Station.
- Fahre 2 Stationen und steige an der Station (423)=(331) CHUNGMURO 충무로 aus. AUSTANG #4.

(423)=(331) CHUNGMURO 충무로

Namsangol Hanok-Dorf
남산골 한옥 마을

Jung-gu, Toegye-ro 34-gil 28
서울 중구 퇴계로34길 28

etwa 8 min

- Nimm den DONGGUK UNIV. 동대입구 gebundene Bahn an der Station (423)=(331) CHUNGMURO 충무로.
- Steige in die Linie 3 um, indem du zum Bahnsteig gehst.
- Nimm die Bahn in Richtung OGEUM 오금.
- Fahre 5 Stationen und steige an der Station (336) APGUJEONG 압구정 aus. AUSTANG #6.

(336) APGUJEONG 압구정

K-Star Road
케이스타 로드

Gangnam-gu, Apgujeong-ro 394
서울 강남구 압구정동 394

etwa 36 min

- Nimm die Bahn in Richtung SINSA 신사 an der Station (336) APGUJEONG 압구정.
- Fahre 4 Stationen und steige an der Station (340)=(223) SEOUL NAT'L UNIV. OF EDUCATION 교대(법원/검찰청) Station aus.
- Steige in die Linie 2 um, indem du zum Bahnsteig gehst.
- Nimm die Bahn in Richtung GANGNAM STATION 강남역.
- Fahre 3 Stationen und steige an der Station (220) SEOLLEUNG 선릉 aus. AUSTANG #10.

(220) SEOLLEUNG 선릉

Seonjeongneung -Königsgräber
서울 선릉과 정릉

Gangnam-gu Samseong-2-dong 100-gil 1
서울 강남구 삼성2동 선릉로100길 1

DAS GROSSE FRESSEN!

(136)=(917) NORYANGJIN 노량진

Noryangjin-Fischmarkt
노량진 수산 시장

Dongjak-gu Nodeul-ro 674
서울 동작구 노들로 674

etwa 36 min

- Nimm die Bahn in Richtung YONGSAN 용산 an der Station (136)=(917) NORYANGJIN 노량진.
- Fahre 7 Stationen und steige an der Station (129) JONGNO-5(O)-GA 종로5가 aus. AUSTANG #8

(129) JONGNO-5(O)-GA 종로5가

Gwangjang-Markt
광장시장

Jongno-gu Changgyeonggung-ro 88
서울 종로구 창경궁로 88

etwa 18 min

- Nimm die Bahn in Richtung JONGNO-3(SAM)-GA 종로3가 an der Station (129) JONGNO-5(O)-GA 종로5가.
- Fahre 1 Station und steige an der Station (130)=(329)=(534) JONGNO-3(SAM)-GA 종로3가 aus.
- Steige in die Linie 3 um, indem du zum Bahnsteig gehst.
- Nimm die Bahn in Richtung EULJIRO-3(SAM)-GA 을지로 3가.
- Fahre 7 Stationen und steige an der Station (332) DONGGUK UNIVERSITY 동대입구역 aus. AUSTANG #3.

(332) DONGGUK UNIVERSITY 동대입구역

Jokbal Gasse (Gedämpfte Schweinefüßchen)
장충동 족발 골목

Jung-gu, Jangchungdan-ro 174
서울 중구 장충단로 174

etwa 41 min

- Nimm die Bahn in Richtung YAKSU 약수 an der Station (332) DONGGUK UNIVERSITY 동대입구역.
- Fahre 8 Stationen und steige bei (340)=(223) SEOUL NAT'L UNIV. OF EDUCATION 교대(법원/검찰청) Station aus.
- Steige in die Linie 2 um, indem du zum Bahnsteig gehst.
- Nimm die Bahn in Richtung SEOCHO 서초.
- Fahre 7 Stationen und steige an der Station (230) SILLIN 신림 aus. AUSTANG #4

(230) SILLIM 신림

Sillim-dong Sundae Town
신림동 순대타운

Gwanak-gu, Sillim-ro 59-gil 14
서울 관악구 신림로 59길 14

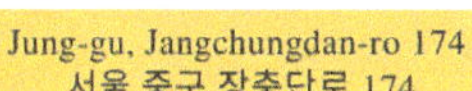

etwa 38 min

- Nimm die Bahn in Richtung SINDAEBANG 신대방 an der Station (230) SILLIM 신림.
- Fahre 19 Stationen und steige an der Station (206)=(635) SINDANG 신당 aus. AUSTANG #8

(206)=(635) SINDANG 신당

Sindangdong Tteokbokki Town
신당동 떡볶이타운

Jung-gu Cheonggu-ro 77
서울 중구 청구로 77

"""

(536) DONGDAEMUN HISTORY & CULTURE PARK 동대문역사문화공원

Dongdaemun Digital Plaza (DDP)
동대문 디지털 플라자

Jung-gu, Eulji-ro 281
서울 중구 을지로 281

etwa 38 min

- Nimm die Bahn in Richtung EULJIRO 4(SA)-GA 을지로 4가 an der Station (536) DONGDAEMUN HISTORY & CULTURE PARK 동대문역사문화공원.
- Fahre 9 Stationen und steige an der Station (527) YEOUINARU 여의나루 aus. AUSTANG #4

(527) YEOUINARU 여의나루

63 Square
63 스퀘어

Yeongdeungpo-gu 63-ro 50
서울 영등포구 63로 50

etwa 5 min

- Nimm die Bahn in Richtung BANGHWA 방화 an der Station (527) YEOUINARU 여의나루.
- Fahre 2 Stationen und steige an der Station (525)=(915) YEOUIDO 여의도 aus. AUSTANG #3

(525)=(915) YEOUIDO 여의도

IFC Mall
IFC 몰

Yeongdeungpo-gu Gukjegeumyung-ro 10
서울 영등포구 국제금융로 10

etwa 5 min

- Steige in die Linie 9 um, indem du zum Bahnsteig gehst.
- Nimm die Bahn in Richtung SAETGANG 샛강.
- Fahre 3 Stationen und steige an der Station ((923)=(734)=(339) EXPRESS BUS TERMINAL 고속터미널 aus. AUSTANG #8-1

(923)=(734)=(339) EXPRESS BUS TERMINAL 고속터미널

Sevit Seom (Schwebende Insel))
세빛섬

Seocho-gu, Ollimpil-daero 2085-14
서울 서초구 올림픽대로 2085-14

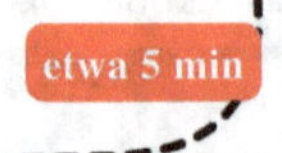

		#	ENG	KOR	CHN	UMSTIEG	DISTANZ (km)	KUMULIERTE DISTANZ (km)
		100	Soyosan	소요산	逍遙山		-	0
		101	Dongducheon	동두천	东豆川		2.5	2.5
		102	Bosan	보산	保山		1.6	4.1
		103	Dongducheon Jungang	동두천중앙	东豆川中央		1.4	5.5
		104	Jihaeng	지행	纸杏		1	6.5
		105	Deokjeong	덕정	德亭		5.6	12.1
		106	Deokgye	덕계	德溪		2.9	15
		107	Yangju	양주	杨州		5.3	20.3
		108	Nogyang	녹양	绿杨		1.6	21.9
		109	Ganeung	가능	佳陵		1.3	23.2
		110	Uijeongbu	의정부	议政府		1.2	24.4
		111	Hoeryong	회룡	回龙		1.6	26
●		112	Mangwolsa	망월사	望月寺		1.4	27.4
●		113	Dobongsan	도봉산	道峰山	⑦	2.3	29.7
●		114	Dobong	도봉	道峰		1.2	30.9
●		115	Banghak	방학	放鹤		1.3	32.2
●		116	Chang-dong	창동	仓洞	④	1.7	33.9
●		117	Nokcheon	녹천	鹿川		1	34.9
●		118	Wolgye	월계	月溪		1.4	36.3
		119	Kwangwoon Univ.	광운대	光云大学		1.1	37.4
●		120	Seokgye	석계	石溪	⑥	1.1	38.5
●		121	Sinimun	신이문	新里门		1.4	39.9
●		122	Hankuk Univ. of Foreign Studies	외대앞	韩国外国语大学		0.8	40.7
		123	Hoegi	회기	回基		0.8	41.5
●	●	124	Cheongnyangni (University of Seoul)	청량리 (서울시립대입구)	清凉里(首尔市立大学)		1.4	42.9
	●	125	Jegidong	제기동	祭基洞		1	43.9
●	●	126	Sinseoldong	신설동	新设洞	②	0.9	44.8
●	●	127	Dongmyo	동묘앞	东庙	⑥	0.7	45.5
●	●	128	Dongdaemun	동대문	东大门	④	0.6	46.1
	●	129	Jongno 5(o)-ga	종로5가	钟路五街		0.8	46.9
●	●	130	Jongno 3(sam)-ga	종로3가	钟路三街	③ ⑤	0.9	47.8

♿	🔒	#	ENG	KOR	CHN	UMSTIEG	DISTANZ (km)	KUMULIERTE DISTANZ (km)
	●	131	Jonggak	종각	钟阁		0.8	48.6
●	●	132	City Hall	시청	市厅	2	1	49.6
	●	133	Seoul Station	서울역	首尔(站)	4	1.1	50.7
●		134	Namyeong	남영	南营		1.7	52.4
●		135	Yongsan	용산	龙山		1.5	53.9
		136	Noryangjin	노량진	鹭梁津	9	2.6	56.5
●		137	Daebang	대방	大方		1.5	58
●		138	Singil	신길	新吉	5	0.8	58.8
		139	Yeongdeungpo	영등포	永登浦		1	59.8
●		140	Sindorim	신도림	新道林	2	1.5	61.3
●		141	Guro	구로	九老	1 *	1.1	62.4
●		142	Guil	구일	九一		1.4	63.8
		143	Gaebong	개봉	开峰		1	64.8
		144	Oryu-dong	오류동	梧柳洞		1.3	66.1
		145	Onsu	온수	温水	7	1.9	68
		146	Yeokgok	역곡	驿谷		1.3	69.3
		147	Sosa	소사	素砂		1.5	70.8
		148	Bucheon	부천	富川		1.1	71.9
		149	Jung-dong	중동	中洞		1.7	73.6
		150	Songnae	송내	松内		1	74.6
		151	Bugae	부개	富开		1.2	75.8
●		152	Bupyeong	부평	富平		1.5	77.3
		153	Baegun	백운	白云		1.7	79
		154	Dongam	동암	铜岩		1.5	80.5
●		155	Ganseok	간석	间石		1.2	81.7
●		156	Juan	주안	朱安		1.2	82.9
		157	Dohwa	도화	道禾		1	83.9
		158	Jemulpo	제물포	济物浦		1	84.9
		159	Dowon	도원	桃源		1.4	86.3
		160	Dongincheon	동인천	东仁川		1.2	87.5
		161	Incheon	인천	仁川		1.9	89.4

141 Die Guro-Station teilt sich in einen separaten Zweig (in Richtung Süden), der mit einem vorangestellten P gekennzeichnet ist. Fortsetzung auf der nächsten Seite.

♿	🔒	#	ENG	KOR	CHN	UMSTIEG	DISTANZ (km)	KUMULIERTE DISTANZ (km)
		P142	Gasan Digital Complex	가산디지털단지	加山数码园区	7	2.4	64.8
		P143	Doksan	독산	禿山		2	66.8
		P144	Geumcheon-gu Office	금천구청	衿川区厅	1 *	1.2	68
		P144-1	Gwangmyeong	광명	光明	1 *.KTX	4.7	N/A
●		P145	Seoksu	석수	石水		2.3	70.3
●		P146	Gwanak	관악	冠岳		1.9	72.2
		P147	Anyang	안양	安养		2.4	74.6
●		P148	Myeonghak	명학	鸣鹤		2.2	76.8
●		P149	Geumjeong	금정	衿井	4	1.4	78.2
		P150	Gunpo	군포	军浦		2.2	80.4
		P151	Dangjeong	당정	堂井		1.6	82
		P152	Uiwang	의왕	义王		2.6	84.6
●		P153	Sungkyunkwan Univ.	성균관대	成均馆大学		2.9	87.5
●		P154	Hwaseo	화서	华西		2.6	90.1
●		P155	Suwon	수원	水原		2.1	92.2
		P156	Seryu	세류	细柳		2.9	95.1
		P157	Byeongjeom	병점	饼店	1 *	4.3	99.4
		P157-1	Seodongtan	서동탄	西东滩	1 *	2.2	N/A
		P158	Sema	세마	西东滩		2.4	101.8
		P159	Osan Univ.	오산대	洗马		2.7	104.5
		P160	Osan	오산	乌山大学		2.7	107.2
		P161	Jinwi	진위	乌山		4	111.2
		P162	Songtan	송탄	振威		3.8	115
		P163	Seojeongni	서정리	松炭		2.2	117.2
		P164	Pyeongtaeckjije	평택지제	西井里		4.8	122
		P165	Pyeongtaek	평택	芝制		3.7	125.7
		P166	Seonghwan	성환	平泽		9.4	135.1
		P167	Jiksan	직산	成欢		5.4	140.5
		P168	Dujeong	두정	稷山		3.8	144.3
		P169	Cheonan	천안	斗井		3	147.3
		P170	Bongmyeong	봉명	天安		1.5	148.8
		P171	Ssangyong (Korea Nazarene Univ.)	쌍용(나사렛대)	凤鸣		1.5	150.3
		P172	Asan	아산	双龙(拿撒勒大学)		1.5	151.8
		P173	Tangjeong	탕정	牙山		1.8	153.6
		P174	Baebang	배방	排芳		3.1	156.7
		P176	Onyangoncheon	온양온천	温阳温泉		4.9	161.6
		P177	Sinchang (Soonchunhyang Univ.)	신창(순천향대)	新昌		5.1	166.7

♿	🔒	#	ENG	KOR	CHN	UMSTIEG	DISTANZ (km)	KUMULIERTE DISTANZ (km)
●	●	201	City Hall	시청	市厅	1		
	●	202	Euljiro 1(il)-ga	을지로입구	乙支路入口		0.7	0.7
●	●	203	Euljiro 3(sam)-ga	을지로3가	乙支路三街	3	0.8	1.5
	●	204	Euljiro 4(sa)-ga	을지로4가	乙支路四街	5	0.6	2.1
●	●	205	Dongdaemun History & Culture Park	동대문역사문화공원	东大门历史文化公园	4 5	1	3.1
	●	206	Sindang	신당	新堂	6	0.9	4
	●	207	Sangwangsimni	상왕십리	上往十里		0.9	4.9
●	●	208	Wangsimni	왕십리	往十里	5	0.8	5.7
	●	209	Hanyang Univ.	한양대	汉阳大学		1	6.7
	●	210	Ttukseom	뚝섬	纛岛		1.1	7.8
	●	211	Seongsu	성수	圣水	2 -1*	0.8	8.6
●	●	212	Konkuk Univ.	건대입구	建国大学	7	1.2	9.8
	●	213	Guui(Gwangjin-gu Office)	구의(광진구청)	九宜		1.6	11.4
	●	214	Gangbyeon(Dongseoul Bus Terminal)	강변(동서울터미널)	江边(东首尔客运站)		0.9	12.3
	●	215	Jamsillaru	잠실나루	蚕室渡口		1.8	14.1
	●	216	Jamsil(Songpa-gu Office)	잠실(송파구청)	蚕室(松坡区厅)	8	1	15.1
	●	217	Jamsilsaenae	잠실새내	蚕室新川		1.2	16.3
●	●	218	Sports Complex	종합운동장	综合运动场	9	1.2	17.5
	●	219	Samseong(World Trade Center Seoul)	삼성(무역센터)	三成(会展中心)		1	18.5
	●	220	Seolleung	선릉	宣陵		1.3	19.8
	●	221	Yeoksam	역삼	驿三		1.2	21
●	●	222	Gangnam	강남	江南		0.8	21.8
	●	223	"Seoul Nat'l Univ. of Education (Court & Public Prosecutors' Office)"	교대(법원·검찰청)	首尔教育大学	3	1.2	23
	●	224	Seocho	서초	瑞草		0.7	23.7
	●	225	Bangbae(Baekseok Arts Univ.)	방배(백석예술대)	方背		1.7	25.4
	●	226	Sadang	사당	舍堂	4	1.6	27
	●	227	Nakseongdae	낙성대	落星垈		1.7	28.7
	●	228	Seoul Nat'l Univ.(Gwanak-gu Office)	서울대입구(관악구청)	首尔大学(冠岳区厅)		1	29.7
	●	229	Bongcheon	봉천	奉天		1	30.7
	●	230	Sillim	신림	新林		1.1	31.8
●	●	231	Sindaebang	신대방	新大方		1.8	33.6
●	●	232	Guro Digital Complex (Wonkwang Digital Univ.)	구로디지털단지(원광디지털대)	九老数码园区		1.1	34.7

🚻	🔒	#	ENG	KOR	CHN	UMSTIEG	DISTANZ (km)	KUMULIERTE DISTANZ (km)
●	●	233	Daerim(Guro-gu Office)	대림(구로구청)	大林	7	1.1	35.8
●	●	234	Sindorim	신도림	新道林	1 2 -2*	1.8	37.6
	●	235	Mullae	문래	文来		1.2	38.8
●	●	236	Yeongdeungpo-gu Office	영등포구청	永登浦区厅	5	0.9	39.7
●	●	237	Dangsan	당산	堂山	9	1.1	40.8
	●	238	Hapjeong	합정	合井	6	2	42.8
	●	239	Hongik Univ.	홍대입구	弘益大学		1.1	43.9
	●	240	Sinchon	신촌	新村		1.3	45.2
	●	241	Ewha Womans Univ.	이대	梨花女子大学		0.8	46
	●	242	Ahyeon(Chugye Univ. for the Arts)	아현(추계예술대)	阿岘		0.9	46.9
	●	243	Chungjeongno(Kyonggi Univ.)	충정로(경기대입구)	忠正路	5	0.8	47.7

2-1 Seongsu Branch

🚻	🔒	#	ENG	KOR	CHN	UMSTIEG	DISTANZ (km)	KUMULIERTE DISTANZ (km)
	●	211-1	Yongdap	용답	龙踏		2.3	2.3
●	●	211-2	Sindap	신답	新踏		1.0	3.3
●	●	211-3	Yongdu(Dongdaemun-gu Office)	용두(동대문구청)	龙头(东大门区厅)		0.9	4.2
●	●	211-4	Sinseoldong	신설동	新设洞	1	1.2	5.4

2-2 Sinjeong Branch

🚻	🔒	#	ENG	KOR	CHN	UMSTIEG	DISTANZ (km)	KUMULIERTE DISTANZ (km)
	●	234-1	Dorimcheon	도림천	道林川		1.0	1.0
●	●	234-2	Yangcheon-gu Office	양천구청	阳川区厅		1.7	2.7
	●	234-3	Sinjeongnegeori	신정네거리	新亭十字路口		1.9	4.6
		234-4	Kkachisan	까치산	喜鹊山	5	1.4	6.0

♿	🔒	#	ENG	KOR	CHN	UMSTIEG	DISTANZ (km)	KUMULIERTE DISTANZ (km)
		309	Daehwa	대화	大化			
		310	Juyeop	주엽	注叶		1.4	1.4
		311	Jeongbalsan	정발산	鼎鉢山		1.6	3
		312	Madu	마두	马头		0.9	3.9
		313	Baekseok	백석	白石		1.4	5.3
●		314	Daegok	대곡	大谷		2.5	7.8
		315	Hwajeong	화정	花井		2.1	9.9
		316	Wondang	원당	元堂		2.6	12.5
		317	Wonheung	원흥	元兴		2.9	15.4
		318	Samsong	삼송	三松		2.1	17.5
●	●	319	Jichuk	지축	紙柸		1.7	19.2
	●	320	Gupabal	구파발	旧把拨		1.5	20.7
●	●	321	Yeonsinnae	연신내	延新川	6	2	22.7
	●	322	Bulgwang	불광	佛光	6	1.3	24
	●	323	Nokbeon	녹번	碌磻		1.1	25.1
	●	324	Hongje (Seoul Culture Arts Univ.)	홍제	弘济		1.6	26.7
●	●	325	Muakjae	무악재	毋岳岭		0.9	27.6
●	●	326	Dongnimmun	독립문	独立门		1.1	28.7
●	●	327	Gyeongbokgung (Government Complex-Seoul)	경복궁 (정부서울청사)	景福宫		1.6	30.3
	●	328	Anguk	안국	安国		1.1	31.4
●	●	329	Jongno 3(sam)-ga	종로3가	钟路三街	1 5	1	32.4
●	●	330	Euljiro 3(sam)-ga (Shinhan Card)	을지로3가 (신한카드)	乙支路三街	2	0.6	33
●	●	331	Chungmuro	충무로	忠武路	4	0.7	33.7
●	●	332	Dongguk Univ.	동대입구	东国大学		0.9	34.6
●	●	333	Yaksu	약수	药水		0.7	35.3
●	●	334	Geumho	금호	金湖	6	0.8	36.1
	●	335	Oksu	옥수	玉水		0.8	36.9
	●	336	Apgujeong (Hyundai Department Store)	압구정(현대백화점)	狎鸥亭		2.1	39
	●	337	Sinsa	신사	新沙		1.5	40.5
●	●	338	Jamwon	잠원	蚕院	7 9	0.9	41.4
	●	339	Express Bus Terminal	고속터미널	高速巴士客运站		1.2	42.6

![restroom]	![locker]	#	ENG	KOR	CHN	UMSTIEG	DISTANZ (km)	KUMULIERTE DISTANZ (km)
	●	340	Seoul Nat'l Univ. of Education (Court & Public Prosecutor's Office)	교대(법원·검찰청)	首尔教育大学	❷	1.6	44.2
●	●	341	Nambu Bus Terminal (Seoul Arts Center)	남부터미널 (예술의전당)	南部客运站		0.9	45.1
●	●	342	Yangjae(Seocho-gu Office)	양재(서초구청)	良才		1.8	46.9
	●	343	Maebong	매봉	梅峰		1.2	48.1
	●	344	Dogok	도곡	道谷		0.8	48.9
●	●	345	Daechi	대치	大峙		0.8	49.7
	●	346	Hangnyeoul	학여울	鹤滩		0.8	50.5
●	●	347	Daecheong	대청	大厅		0.9	51.4
	●	348	Irwon	일원	逸院		1.2	52.6
●	●	349	Suseo	수서	水西		1.8	54.4
●	●	350	Garak Market	가락시장	可乐市场	❽	1.4	55.8
●	●	351	Nat'l Police Hospital	경찰병원	警察医院		0.8	56.6
●	●	352	Ogeum	오금	梧琴	❺	0.8	57.4

👫	🔒	#	ENG	KOR	CHN	UMSTIEG	DISTANZ (km)	KUMULIERTE DISTANZ (km)
	●	409	Danggogae	당고개	堂岭			
●	●	410	Sanggye	상계	上溪		1.2	1.2
●	●	411	Nowon	노원	芦原	7	1	2.2
●	●	412	Chang-dong	창동	仓洞	1	1.4	3.6
●	●	413	Ssangmun	쌍문	双门		1.3	4.9
	●	414	Suyu (Gangbuk-gu Office)	수유(강북구청)	水逾		1.5	6.4
	●	415	Mia (Seoul Cyber University)	미아(서울사이버대학)	彌阿		1.4	7.8
	●	416	Miasageori	미아사거리	弥阿十字路口		1.5	9.3
	●	417	Gireum	길음	吉音		1.3	10.6
●	●	418	Sungshin Women's University (Donam)	성신여대입구(돈암)	诚信女子大学(敦岩)		1.4	12
	●	419	Hansung University (Samseongyo)	한성대입구(삼선교)	汉城大学(三仙桥)		1	13
	●	420	Hyehwa	혜화	惠化		0.9	13.9
●	●	421	Dongdaemun	동대문	东大门	1	1.5	15.4
●	●	422	Dongdaemun History & Culture Park	동대문역사문화공원 (DDP)	东大门历史文化公园	2 5	0.7	16.1
●	●	423	Chungmuro	충무로	忠武路	3	1.3	17.4
●	●	424	Myeong-dong	명동(정화예술대)	明洞		0.7	18.1
●	●	425	Hoehyeon (Namdaemun Market)	회현(남대문시장)	会贤(南大门市场)		0.7	18.8
	●	426	Seoul Station	서울역	首尔(站)	1	0.9	19.7
	●	427	Sookmyung Women's University (Garwol)	숙대입구(갈월)	淑明女子大学(葛月)		1	20.7
●	●	428	Samgakji	삼각지	三角地	6	1.2	21.9
	●	429	Sinyongsan (AMOREPACIFIC)	신용산(아모레퍼시픽)	新龙山		0.7	22.6
●	●	430	Ichon (National Museum of Korea)	이촌(국립중앙박물관)	二村		1.3	23.9
●	●	431	Dongjak (Seoul National Cemetery)	동작(현충원)	铜雀	9	2.7	26.6
●	●	432	Chongsin University (Isu)	총신대입구(이수)	总神大学(梨水)	7	1.8	28.4
●	●	433	Sadang	사당	舍堂	2	1.1	29.5
●	●	434	Namtaeryeong	남태령	南泰岭		1.6	31.1
		435	Seonbawi	선바위	立岩		2	33.1
		436	Seoul Racecourse Park	경마공원	竞马公园		1	34.1
		437	Seoul Grand Park	대공원 (서울랜드)	首尔大公园		0.9	35
●		438	Gwacheon	과천	果川		1	36
●		439	Government Complex Gwacheon	정부과천청사	政府果川厅舍		1	37
		440	Indeogwon	인덕원	仁德院		3	40
		441	Pyeongchon	평촌	坪村		1.6	41.6
●		442	Beomgye	범계	凡溪		1.3	42.9

🚻	🔒	#	ENG	KOR	CHN	UMSTIEG	DISTANZ (km)	KUMULIERTE DISTANZ (km)
●		443	Geumjeong	금정	衿井	1	2.6	45.5
		444	Sanbon	산본	山本		2.3	47.8
		445	Surisan	수리산	修理山		1.1	48.9
		446	Daeyami	대야미	大夜味		2.6	51.5
		447	Banwol	반월	半月		2	53.5
●		448	Sangnoksu	상록수	常绿树		3.7	57.2
●		449	Hanyang University at Ansan	한대앞	汉阳大学(安山)		1.5	58.7
●		450	Jungang	중앙	中央		1.6	60.3
●		451	Gojan	고잔	古栈		1.4	61.7
●		452	Choji	초지	草芝		1.5	63.2
		453	Ansan	안산	安山		1.8	65
		454	Singiloncheon	신길온천	新吉溫泉		2.2	67.2
		455	Jeongwang	정왕	正往		2.9	70.1
		456	Oido	오이도	烏耳島		1.4	71.5

♿	🔒	#	ENG	KOR	CHN	UMSTIEG	DISTANZ (km)	KUMULIERTE DISTANZ (km)
	●	510	Banghwa	방화	傍花			
	●	511	Gaehwasan	개화산	开花山		0.9	0.9
	●	512	Gimpo Int'l Airport	김포공항	金浦机场	9	1.2	2.1
	●	513	Songjeong	송정	松亭		1.2	3.3
	●	514	Magok(Home & Shopping)	마곡(홈앤쇼핑)	麻谷		1.1	4.4
	●	515	Balsan	발산	钵山		1.2	5.6
	●	516	Ujangsan	우장산	雨裝山		1.1	6.7
	●	517	Hwagok	화곡	禾谷		1	7.7
	●	518	Kkachisan	까치산	喜鹊山	2	1.2	8.9
●	●	519	Sinjeong(Eunhaengjeong)	신정(은행정)	新亭		1.3	10.2
	●	520	Mok-dong	목동	木洞		0.8	11
	●	521	Omokgyo (Mokdong Stadium)	오목교(목동운동장앞)	梧木桥(木洞运动场)		0.9	11.9
●	●	522	Yangpyeong	양평	杨坪		1.1	13
	●	523	Yeongdeungpo-gu Office	영등포구청	永登浦区厅	2	0.8	13.8
	●	524	Yeongdeungpo Market (Hallym Univ. Hanggang Sacred Heart Hospital)	영등포시장 (한림대 한강성심병원)	永登浦市场		0.9	14.7
	●	525	Singil	신길	新吉	1	1.1	15.8
●	●	526	Yeouido	여의도	汝矣岛	9	1	16.8
	●	527	Yeouinaru	여의나루	汝矣渡口		1	17.8
	●	528	Mapo	마포	麻浦		1.8	19.6
		529	Gongdeok	공덕	孔德	6	0.8	20.4
	●	530	Aeogae	애오개	儿岭		1.1	21.5
	●	531	Chungjeongno(Kyonggi Univ.)	충정로(경기대입구)	忠正路	2	0.9	22.4
	●	532	Seodaemun(Kangbuk Samsung Hospital)	서대문(강북삼성병원)	西大门		0.7	23.1
	●	533	Gwanghwamun (Sejong Center for the Perfoming Arts)	광화문(세종문화회관)	光化门(世宗文化会馆)		1.1	24.2
●	●	534	Jongno 3(sam)-ga(Tapgol Park)	종로3가(탑골공원)	钟路三街	1 3	1.2	25.4
	●	535	Euljiro 4(sa)-ga	을지로4가	乙支路四街	2	1	26.4
	●	536	Dongdaemun History & Culture Park	동대문역사문화공원 (DDP)	东大门历史文化公园	2 4	0.9	27.3
	●	537	Cheonggu	청구	青丘	6	0.9	28.2
	●	538	Singeumho	신금호	新金湖		0.9	29.1
	●	539	Haengdang	행당	杏堂		0.8	29.9
●	●	540	Wangsimni(SeongDong-Gu Office)	왕십리(성동구청)	往十里	2	0.9	30.8

		#	ENG	KOR	CHN	UMSTIEG	DISTANZ (km)	KUMULIERTE DISTANZ (km)
	●	541	Majang	마장	马场		0.7	31.5
	●	542	Dapsimni	답십리	踏十里		1	32.5
	●	543	Janghanpyeong	장한평	长汉坪		1.2	33.7
	●	544	Gunja(Neung-dong)	군자(능동)	君子(陵洞)	7	1.5	35.2
	●	545	Achasan (Rear Entrance to Seoul Children's Grand Park)	아차산 (어린이대공원후문)	峨嵯山		1	36.2
	●	546	Gangnaru (Presbyterian Univ. & College & Seminary)	광나루(장신대)	广渡口(长神大学)		1.5	37.7
	●	547	Cheonho (Pungnaptoseong)	천호(풍납토성)	千戶	8	2	39.7
	●	548	Gangdong	강동	江东	5 -1	0.8	40.5
	●	549	Gil-dong	길동	吉洞		0.9	41.4
	●	550	Gubeundari (Gangdong Community Center)	굽은다리(강동구민회관앞)	曲桥(江东区民会馆)		0.8	42.2
	●	551	Myeongil	명일	明逸		0.7	42.9
	●	552	Godeok(Kyung Hee Univ. Hospital at Gangdong)	고덕(강동경희대병원)	高德		1.2	44.1
	●	553	Sangil-dong	상일동	上一洞		1.1	45.2

		#	ENG	KOR	CHN	UMSTIEG	DISTANZ (km)	KUMULIERTE DISTANZ (km)
	●	P549	Dunchon-dong	둔촌동	遁村洞		1.2	1.2
●	●	P550	Olympic Park (Korean National Sport Univ.)	올림픽공원(한국체대)	奥林匹克公园(韩国体育大学)	9	1.4	2.6
	●	P551	Bangi	방이	芳荑		0.9	3.5
●	●	P552	Ogeum	오금	梧琴	3	0.9	4.4
	●	P553	Gaerong	개롱	开笼		0.9	5.3
	●	P554	Geoyeo	거여	巨余		0.9	6.2
	●	P555	Macheon	마천	马川		0.9	7.1

♿	🔒	#	ENG	KOR	CHN	UMSTIEG	DISTANZ (km)	KUMULIERTE DISTANZ (km)
	●	610	Eungam	응암	鹰岩			
	●	611	Yeokchon	역촌	驿村		1.1	1.1
	●	612	Bulgwang	불광	佛光	3	0.8	1.9
	●	613	Dokbawi	독바위	瓮岩		0.9	2.8
	●	614	Yeonsinnae	연신내	延新川	3	1.4	4.2
	●	615	Gusan	구산	龟山		0.9	5.1
	●	616	Saejeol(Sinsa)	새절(신사)	赛折(新寺)		0.9	6
	●	617	Jeungsan(Myongji Univ.)	증산(명지대앞)	缯山(明知大学)		0.9	6.9
●	●	618	Digital Media City	디지털미디어시티	数码媒体城		1.1	8
●	●	619	World Cup Stadium(Seongsan)	월드컵경기장(성산)	世界杯体育场		0.8	8.8
	●	620	Mapo-gu Office	마포구청	麻浦区厅		0.8	9.6
	●	621	Mangwon	망원	望远		1	10.6
	●	622	Hapjeong	합정	合井	2	0.8	11.4
	●	623	Sangsu	상수	上水		0.8	12.2
	●	622	Hapjeong	합정	合井	2	0.8	11.4
	●	623	Sangsu	상수	上水		0.8	12.2
	●	624	Gwangheungchang(Seogang)	광흥창(서강)	广兴仓		0.9	13.1
	●	625	Daeheung(Sogang Univ.)	대흥(서강대앞)	大兴(西江大学)		1	14.1
	●	626	Gongdeok	공덕	孔德	5	0.9	15
	●	627	Hyochang Park	효창공원앞	孝昌公园		0.9	15.9
	●	628	Samgakji	삼각지	三角地	4	1.2	17.1
	●	629	Noksapyeong(Yongsan-gu Office)	녹사평(용산구청앞)	綠莎坪		1.1	18.2
	●	630	Itaewon	이태원	梨泰院		0.8	19
●	●	631	Hangangjin	한강진	汉江镇		1	20
	●	632	Beotigogae	버티고개	波提岭		1	21
●	●	633	Yaksu	약수	药水	3	0.7	21.7
		634	Cheonggu	청구	靑丘	5	0.8	22.5
	●	635	Sindang	신당	新堂	2	0.7	23.2
	●	636	Dongmyo	동묘앞	东庙	1	0.6	23.8
●	●	637	Changsin	창신	昌信		0.9	24.7
	●	638	Bomun	보문	普门		0.8	25.5
●	●	639	Anam(Korea Univ. Hospital)	안암(고대병원앞)	安岩		0.9	26.4
●	●	640	Korea Univ.(Jongam)	고려대(종암)	高丽大学(钟岩)		0.8	27.2
	●	641	Wolgok(Dongduk Women's Univ.)	월곡(동덕여대)	月谷		1.4	28.6
	●	642	Sangwolgok(KIST)	상월곡(한국과학기술연구원)	上月谷		0.8	29.4
	●	643	Dolgoji	돌곶이	石串		0.8	30.2

![toilet]	![locker]	#	ENG	KOR	CHN	UMSTIEG	DISTANZ (km)	KUMULIERTE DISTANZ (km)
●	●	644	Seokgye	석계	石溪	①1	1	31.2
		645	Taereung	태릉입구	泰陵	⑦7	0.8	32
	●	646	Hwarangdae(Seoul Women's Univ.)	화랑대(서울여대입구)	花郎台 (首尔女子大学)		0.9	32.9
	●	647	Bonghwasan(Seoul Medical Center)	봉화산(서울의료원)	烽火山		0.7	33.6
		648	Sinnae	신내	新內		1.3	34.9

		#	ENG	KOR	CHN	UMSTIEG	DISTANZ (km)	KUMULIERTE DISTANZ (km)
		709	Jangam	장암	长岩	1		
●	●	710	Dobongsan	도봉산	道峰山		1.4	1.4
	●	711	Suraksan	수락산	水落山		1.6	3
	●	712	Madeul	마들	马得		1.4	4.4
	●	713	Nowon	노원	芦原	4	1.2	5.6
	●	714	Junggye(Korean Bible Univ.)	중계(한국성서대)	中溪		1.1	6.7
	●	715	Hagye(Eulji Medical Center)	하계(을지대 을지병원)	下溪		1	7.7
	●	716	Gongneung (Seoul Nat'l Univ. of Science and Technology)	공릉(서울과학기술대)	孔陵		1.3	9
	●	717	Taereung	태릉입구	泰陵	6	0.8	9.8
	●	718	Meokgol	먹골	墨谷		0.9	10.7
	●	719	Junghwa	중화	中和		0.9	11.6
●	●	720	Sangbong(Intercity Bus Terminal)	상봉(시외버스터미널)	上凤 (市外巴士客运站)		1	12.6
	●	721	Myeonmok	면목	面牧		0.8	13.4
	●	722	Sagajeong(Green Hospital)	사가정(녹색병원)	四佳亭		0.9	14.3
	●	723	Yongmasan(Yongma Falls Park)	용마산(용마폭포공원)	四佳亭		0.8	15.1
	●	724	Junggok	중곡	中谷		0.9	16
		725	Gunja(Neung-dong)	군자(능동)	君子(陵洞)	5	1.1	17.1
	●	726	Children's Grand Park(Sejong Univ.)	어린이대공원(세종대)	儿童大公园 (世宗大学)		1.1	18.2
●	●	727	Konkuk University	건대입구	建国大学	2	0.8	19
●	●	728	Ttukseom Park	뚝섬유원지	纛岛游园地		1	20
	●	729	Cheongdam(Korea Gold Exchange)	청담(한국금거래소)	清潭		2	22
	●	730	Gangnam-gu Office	강남구청	江南区厅		1.1	23.1
	●	731	Hak-dong	학동	鹤洞		0.9	24
	●	732	Nonhyeon	논현	论岘		1	25
	●	733	Banpo	반포	盘浦		0.9	25.9
	●	734	Express Bus Terminal	고속터미널	高速巴士客运站	3 9	0.9	26.8
	●	735	Naebang	내방	內方		2.2	29
●	●	736	Isu(Chongsin University)	이수(총신대입구)	梨水	4	1	30
●	●	737	Namseong	남성	南城		1	31
	●	738	Soongsil Univ.(Salpijae)	숭실대입구(살피재)	崇实大学(赛毗陵)		2	33
	●	739	Sangdo	상도	上道		0.9	33.9
	●	740	Jangseungbaegi	장승배기	长丞拜基		0.9	34.8
	●	741	Sindaebangsamgeori	신대방삼거리	新大方丁字路口		1.2	36
	●	742	Boramae	보라매	波拉美		0.8	36.8

🚻	🔒	#	ENG	KOR	CHN	UMSTIEG	DISTANZ (km)	KUMULIERTE DISTANZ (km)
	●	743	Sinpung	신풍	新丰		0.9	37.7
●	●	744	Daerim(Guro-gu Office)	대림(구로구청)	大林	2	1.4	39.1
	●	745	Namguro	남구로	南九老		1.1	40.2
	●	746	Gasan Digital Complex(Mario Outlet)	가산디지털단지(마리오아울렛)	加山数码园区	1	0.8	41
	●	747	Cheolsan	철산	铁山		1.4	42.4
	●	748	Gwangmyeongsageori	광명사거리	光明十字路口		1.3	43.7
	●	749	Cheonwang	천왕	天旺		1.7	45.4
	●	750	Onsu(Sungkonghoe Univ.)	온수(성공회대입구)	温水(圣公会大学)		1.5	46.9
		751	Kkachiul	까치울	喜鹊屋		2.2	49.1
●		752	Bucheon Stadium	부천종합운동장	富川綜合運動場		1.2	50.3
		753	Chunui	춘의	春衣		0.9	51.2
		754	Sinjung-dong	신중동	新中洞		1	52.2
		755	Bucheon City Hall	부천시청	富川市厅		1.1	53.3
		756	Sang-dong	상동	上洞		0.9	54.2
		757	Samsan Gymnasium	삼산체육관	三山体育馆		1.1	55.3
		758	Gulpocheon	굴포천	掘浦川		0.9	56.2
●		759	Bupyeong-gu Office	부평구청	富平区厅		0.9	57.1
		760	Sangok	산곡	儿童大公园(世宗大学)		1.6	58.7
●		761	Seoknam(Geobuk Market)	석남(거북시장)	建国大学		2.3	61

♿	🔒	#	ENG	KOR	CHN	UMSTIEG	DISTANZ (km)	KUMULIERTE DISTANZ (km)
	●	810	Amsa	암사	岩寺			
		811	Cheonho(Pungnaptoseong)	천호(풍납토성)	千户(风纳土城)	5	1.3	1.3
	●	812	Gangdong-gu Office	강동구청	江东区厅		0.9	2.2
	●	813	Mongchontoseong(World Peace Gate)	몽촌토성(평화의문)	梦村土城(平和之门)		1.6	3.8
	●	814	Jamsil(Songpa-gu Office)	잠실(송파구청)	蚕室(松坡区厅)	2	0.8	4.6
●	●	815	Seokchon(Hansol Hospital)	석촌(한솔병원)	石村	9	1.2	5.8
	●	816	Songpa	송파	松坡		0.9	6.7
●	●	817	Garak Market	가락시장	可乐市场	3	0.8	7.5
	●	818	Munjeong	문정	文井		0.9	8.4
	●	819	Jangji	장지	长旨		0.9	9.3
	●	820	Bokjeong	복정	福井		0.9	10.2
	●	821	Namwirye	남위례	南慰礼		1.6	11.8
	●	822	Sanseong	산성	山城		1.1	12.9
	●	823	Namhansanseong(Seongnam Court & Prosecutor's Office)	남한산성입구 (성남법원·검찰청)	南汉山城 (城南法院·检察厅)		1.3	14.2
	●	824	Dandaeogeori(Shingu College)	단대오거리 (신구대학교)	丹垈五岔路口		0.8	15.0
	●	825	Sinheung	신흥	新兴		0.8	15.8
	●	826	Sujin	수진	寿进		0.9	16.7
	●	827	Moran	모란	牡丹		1.0	17.7

👫	🔒	#	ENG	KOR	CHN	UMSTIEG	DISTANZ (km)	KUMULIERTE DISTANZ (km)
	●	901	Gaehwa	개화	开花			
●	●	902	Gimpo Int'l Airport	김포공항	金浦机场	5	3.6	3.6
		903	Airport Market	공항시장	机场市场		0.8	4.4
	●	904	Sinbanghwa	신방화	新傍花		0.8	5.2
		905	Magongnaru	마곡나루(서울식물원)	麻谷渡口		0.9	6.1
	●	906	Yangcheon Hyanggyo	양천향교	阳川乡校		1.4	7.5
	●	907	Gayang	가양	加阳		1.3	8.8
	●	908	Jeungmi	증미	曾米		0.7	9.5
	●	909	Deungchon	등촌	登村		1.0	10.5
	●	910	Yeomchang	염창	盐仓		0.9	11.4
	●	911	Sinmokdong	신목동	新木洞		0.9	12.3
	●	912	Seonyudo	선유도	仙游岛		1.2	13.5
●	●	913	Dangsan	당산	堂山	2	1.0	14.5
●	●	914	National Assembly	국회의사당(KDB산업은행)	国会议事堂		1.5	16.0
●	●	915	Yeouido	여의도	汝矣岛	5	0.9	16.9
	●	916	Saetgang	샛강(KB금융타운)	赛江		0.8	17.7
●	●	917	Noryangjin	노량진	鹭梁津	1	1.2	18.9
	●	918	Nodeul	노들	鹭得		1.1	20.0
	●	919	Heukseok (Chung-Ang Univ.)	흑석(중앙대입구)	黑石(中央大学)		1.1	21.1
●	●	920	Dongjak (Seoul National Cemetery)	동작(현충원)	铜雀(显忠院)	4	1.4	22.5
	●	921	Gubanpo	구반포	旧盘浦		1.0	23.5
	●	922	Sinbanpo	신반포	新盘浦		0.7	24.2
●	●	923	Express Bus Terminal	고속터미널	高速巴士客运站	3 7	0.8	25.0
		924	Sapyeong	사평	砂平		1.1	26.1
	●	925	Sinnonhyeon (Le Meridien Hotel)	신논현(르메르디앙호텔)	新论岘		0.9	27.0
	●	926	Eonju (CHA Gangnam Medical Center)	언주(강남차병원)	彦州		0.8	27.8
	●	927	Seonjeongneung	선정릉	宣靖陵		0.9	28.7
	●	928	Samseongjungang	삼성중앙	三成中央		0.8	29.5
	●	929	Bongeunsa	봉은사	奉恩寺		0.8	30.3
●	●	930	Sports Complex	종합운동장	综合运动场	2	1.4	31.7
		931	Samjeon	삼전	三田		1.4	33.1
		932	Seokchon Gobun	석촌고분	石村古坟		0.8	33.9
●		933	Seokchon	석촌	石村	8	1.0	34.9
		934	Songpanaru	송파나루	松坡渡口		0.8	35.7
		935	Hanseong Baekje	한성백제	汉城百济		0.8	36.5
●		936	Olympic Park	올림픽공원(한국체대)	奥林匹克公园	5	1.4	37.9
		937	Dunchon Oryun	둔촌오류	遁村五轮		1.0	38.9
		938	VHS Medical Center	중앙보훈병원	中央报勋医院		1.7	40.6

REFERENZEN & DANKSAGUNGEN

Amore Pacific Museum of Art	안리나나, CC BY 2.0 KR <creativecommons.org/licenses/by/2.0/kr/> via blog.naver.com/alli_nana/222743599389
Apgujeong Rodeo Straße	쵸묵쵸묵 어홍이, CC BY 2.0 KR <creativecommons.org/licenses/by/2.0/kr/> via blog.naver.com/day265/222652357391
Prähistorische Siedlungsstätte Amsa-dong	G41rn8, CC BY-SA 4.0 <creativecommons.org/licenses/by-sa/4.0>, via Wikimedia Commons
Boramae Park	Im9128, CC BY 2.0 KR <creativecommons.org/licenses/by/2.0/kr/> via blog.naver.com/lm9128/222102649437
Central City	Pectus Solentis, CC BY-SA 2.0 <creativecommons.org/licenses/by-sa/2.0>, via Wikimedia Commons
COEX	lohasteru, CC BY-ND 2.0 <creativecommons.org/licenses/by-nd/2.0/> via www.flickr.com/photos/lohasteru/7079246065
Common Ground	Oooobit, CC BY-ND 2.0 KR <creativecommons.org/licenses/by-nd/2.0/kr/> via blog.naver.com/today930809/222720797538
Chungmu Art Center	연, CC BY-ND 2.0 KR <creativecommons.org/licenses/by-nd/2.0/kr/> via blog.naver.com/ssovely8/222600567771
Dapsimni Antike Kunststraße	Jez Nicholson, CC BY-SA 2.0 <creativecommons.org/licenses/by-sa/2.0>, via www.flickr.com/photos/jnicho02/2215664293
Gasan Digital Complex Outlet Town	일상생각 및 방문후기, CC BY 2.0 KR <creativecommons.org/licenses/by/2.0/kr/> via blog.naver.com/smson97/220647329373
GOTO Mall	탁가이버, CC BY 2.0 KR <creativecommons.org/licenses/by/2.0/kr/> via blog.naver.com/tacgyber/222697288578
Hanseong Baekje Museum	Asfreeas, CC BY-SA 3.0 <creativecommons.org/licenses/by-sa/3.0>, via Wikimedia Commons
Hwangudan-Altar	RYU Cheol, CC BY-SA 3.0 <creativecommons.org/licenses/by-sa/3.0>, via Wikimedia Commons
IFC MALL	Seoul Guide Korea, CC BY 2.0 <creativecommons.org/licenses/by/2.0/> via www.flickr.com/photos/86137128@N07/8404989590
Incheon Chinatown	Riodamascus, CC BY-SA 4.0 <creativecommons.org/licenses/by-sa/4.0>, via Wikimedia Commons
Itaewon Touristenzone	Jay Yoo, CC BY-ND 2.0 <creativecommons.org/licenses/by-nd/2.0/>, via www.flickr.com/photos/147789682@N06/33238618266
Märtyrerschrein Jeoldusan	Michael Gallagher, CC BY-SA 2.0 <creativecommons.org/licenses/by-sa/2.0>, via www.flickr.com/photos/michaelgallagher/14705216454
Jeong Dong Jeil Kirche	Ryuch, CC BY-SA 3.0 <creativecommons.org/licenses/by-sa/3.0>, via Wikimedia Commons
K Star Road	Matt Kieffer, CC BY-SA 2.0 <creativecommons.org/licenses/by-sa/2.0>, via www.flickr.com/photos/mattkieffer/48661242872
KINTEX	Min-Jung KIM, CC BY-SA 2.0 <creativecommons.org/licenses/by-sa/2.0>, via www.flickr.com/photos/129374898@N04/15874272839
Lotte World	Khitai (a flickr user), CC BY-SA 2.0 <creativecommons.org/licenses/by-sa/2.0>, via Wikimedia Commons
Karte von Seoul	Wikipedia (benutzer:ralf roletschek) user [[:Benutzer:Ralf Roletschek:User:{{{3}}}|{{{3}}}]], CC BY-SA 3.0 <http://creativecommons.org/licenses/by-sa/3.0/>, via Wikimedia Commons
Marronier Park	Scarlet Sappho, CC BY-SA 2.0 <creativecommons.org/licenses/by-sa/2.0>, via www.flickr.com/photos/skinnylawyer/5481260240
Mecenatpolis Mall	Travel Oriented, CC BY-SA 2.0 <creativecommons.org/licenses/by-sa/2.0>, via www.flickr.com/photos/traveloriented/11921840036
Nagwon Instrumentenhalle	Republic of Korea, CC BY-SA 2.0 <creativecommons.org/licenses/by-sa/2.0>, via www.flickr.com/photos/koreanet/33235846020
Nationales Chongdong-Theater	소담, CC BY 2.0 KR <creativecommons.org/licenses/by/2.0/kr/> via blog.naver.com/eao0926/222256714682
Olympic Park	Silas Low, CC BY-SA 4.0 <creativecommons.org/licenses/by-sa/4.0>, via Wikimedia Commons
Samcheongdong-Café-Straße	Travel Oriented, CC BY-SA 2.0 <creativecommons.org/licenses/by-sa/2.0>, via www.flickr.com/photos/traveloriented/14938329291
Samjeondobi Stein-Denkmal	Kang Byeong Kee, CC BY 3.0 <creativecommons.org/licenses/by/3.0>, via Wikimedia Commons
Sejong Zentrum für darstellende Künste	Marcopolis at en.wikipedia, Public domain, via Wikimedia Commons
Seorae Dorf & Montmartre Park	eao0926, CC BY-SA 2.0 KR <creativecommons.org/licenses/by-sa/2.0/kr/> via blog.naver.com/eao0926/222221109479
Seouler Volksflohmarkt	Republic of Korea, CC BY-SA 2.0 <creativecommons.org/licenses/by-sa/2.0>, via www.flickr.com/photos/koreanet/8641373889
Geschichtsmuseum von Seoul	Jjw, CC BY-SA 3.0 <creativecommons.org/licenses/by-sa/3.0>, via Wikimedia Commons
National Cemetery	Kys951, Public domain, via Wikimedia Commons
Seoul Plaza	서울시 총무과, CC BY-SA 4.0 <creativecommons.org/licenses/by-sa/4.0>, via Wikimedia Commons
Seoul World Cup Stadium	Photo and Share CC, CC BY 2.0 <creativecommons.org/licenses/by/2.0/>, via Wikimedia Commons
Sinsadong Garosu-gil	꿈꾸는여행 도도, CC BY 2.0 KR <creativecommons.org/licenses/by/2.0/kr/> via blog.naver.com/travelerdodo/222746451352
U-Bahn Station	뽀뽀니, CC BY 2.0 KR <creativecommons.org/licenses/by/2.0/kr/> via blog.naver.com/lovenger/221309142997
Tapgol Park	Steve46814, CC BY-SA 3.0 <creativecommons.org/licenses/by-sa/3.0>, via Wikimedia Commons
Times Square	Brit in Seoul, CC BY-SA 4.0 <creativecommons.org/licenses/by-sa/4.0>, via Wikimedia Commons
Yangcheon Hyanggyo Konfuzianische Schule	문화재청, KOGL Type 1 <http://www.kogl.or.kr/open/info/license_info/by.do>, via Wikimedia Commons
Youngnak Presbyterianische Kirche	Davidabram at English Wikipedia, Public domain, via Wikimedia Commons

Der Tour-Guide für die U-Bahn in Seoul Korea :
Wie du die 100 besten Attraktionen der Stadt mit der U-Bahn erlebst!

ISBN 979-11-88195-86-2

FANDOM MEDIA

marketing@newampersand.com

www.newampersand.com